KB236440

맨 처음 알파벳 쓰기

개정판

예스북

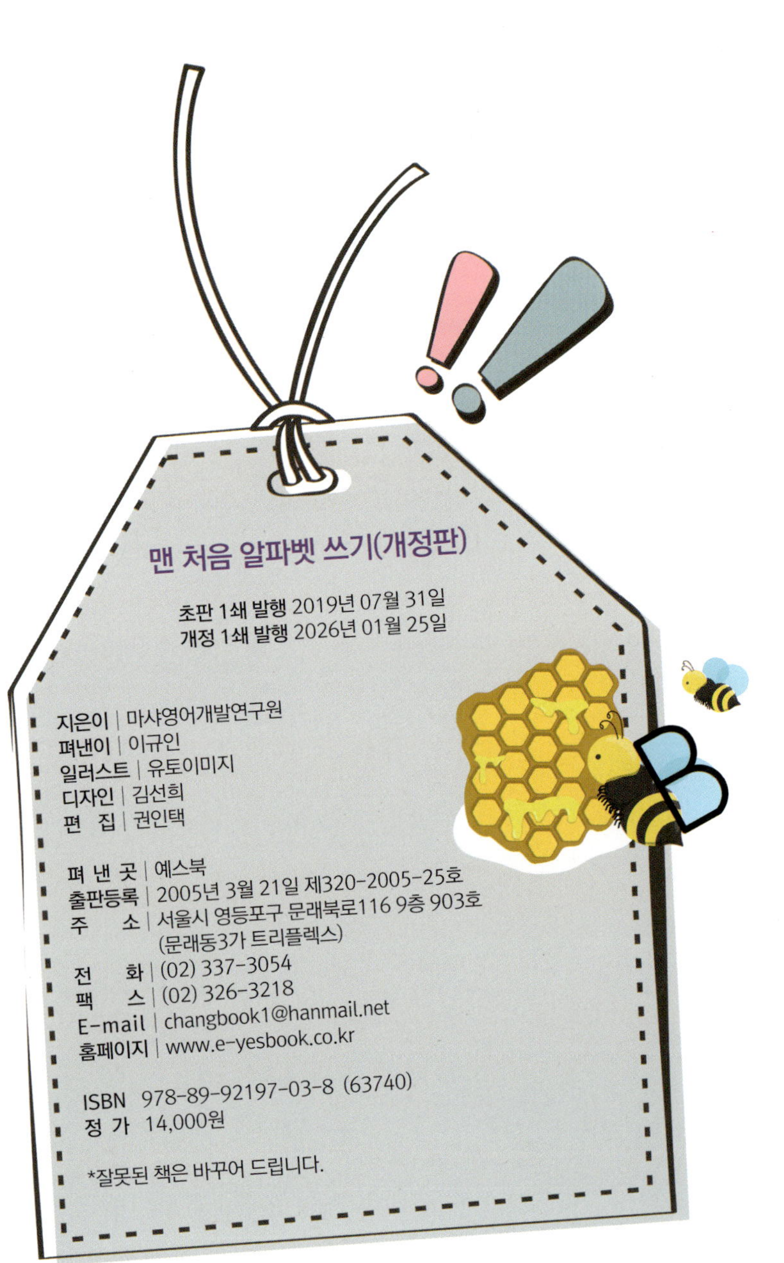

맨 처음 알파벳 쓰기(개정판)

초판 1쇄 발행 2019년 07월 31일
개정 1쇄 발행 2026년 01월 25일

지은이 | 마샤영어개발연구원
펴낸이 | 이규인
일러스트 | 유토이미지
디자인 | 김선희
편 집 | 권인택

펴 낸 곳 | 예스북
출판등록 | 2005년 3월 21일 제320-2005-25호
주   소 | 서울시 영등포구 문래북로116 9층 903호
(문래동3가 트리플렉스)
전   화 | (02) 337-3054
팩   스 | (02) 326-3218
E-mail | changbook1@hanmail.net
홈페이지 | www.e-yesbook.co.kr

ISBN 978-89-92197-03-8 (63740)
정 가 14,000원

*잘못된 책은 바꾸어 드립니다.

Contents

 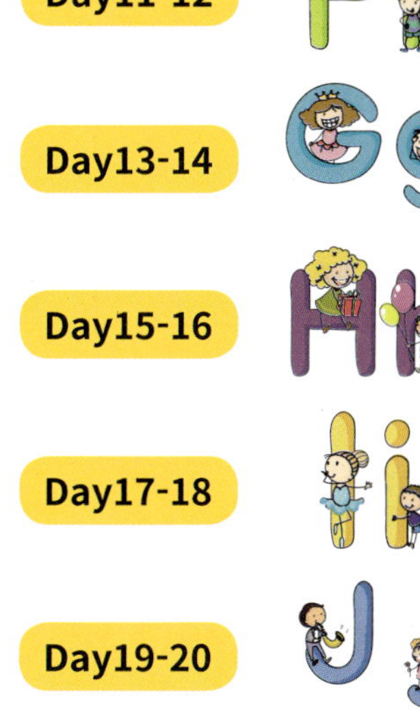 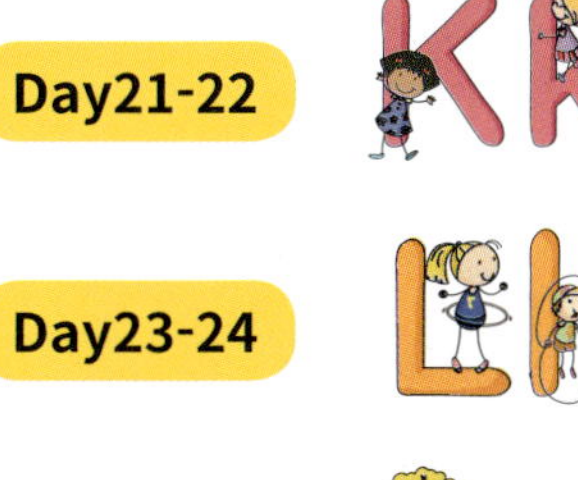 

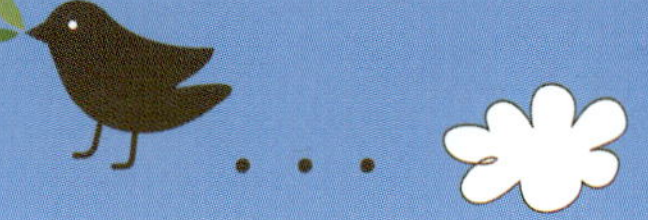

알파벳

에이
Aa

비-
Bb

씨-
Cc

디-
Dd

이-
Ee

에프
Ff

쥐-
Gg

에이취
Hh

아이
Ii

줴이
Jj

케이
Kk

엘
Ll

엠
Mm

엔
Nn

오우
Oo

피- **Pp**

큐- **Qq**

아-ㄹ **Rr**

에스 **Ss**

티- **Tt**

유- **Uu**

븨- **Vv**

더블유 **Ww**

엑스 **Xx**

와이 **Yy**

지- **Zz**

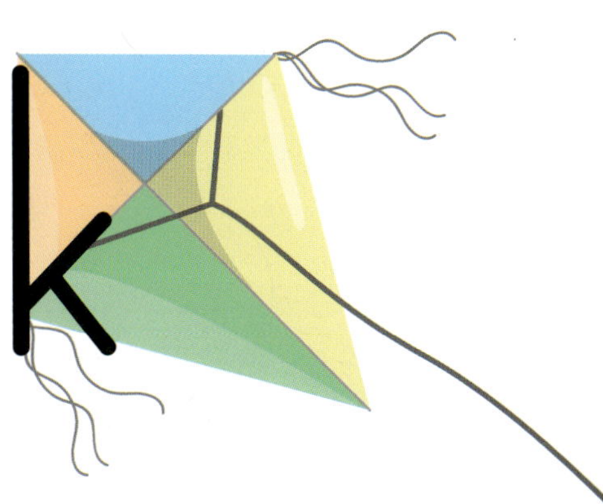

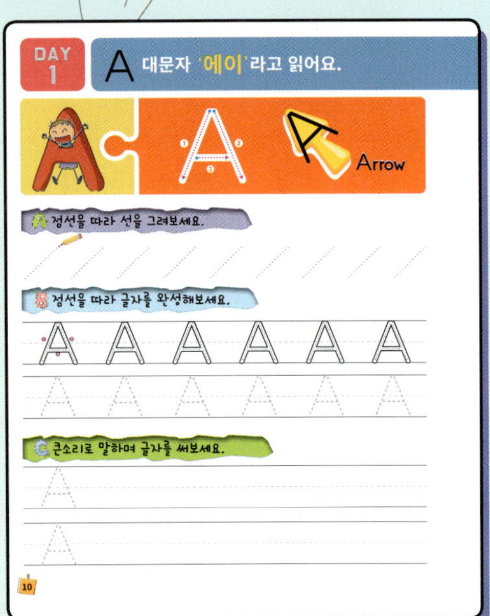

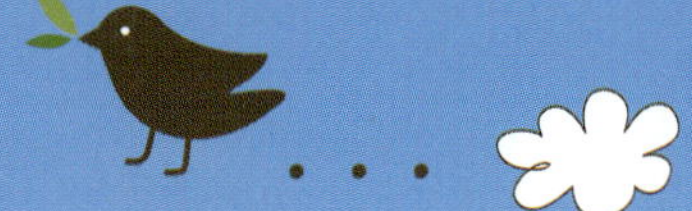

DAY 1

하루에 한 글자를 목표로 해요.
대문자 하루, 소문자 하루로 구성되었어요.

A 대문자 '에이'라고 읽어요.

읽는 법을 알려줘요. 대문자부터 시작해요.

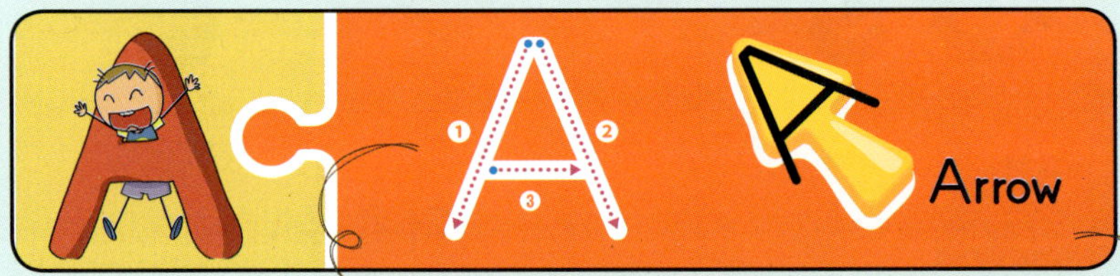

쓰는 순서를 알려줘요.

기억하기 쉽게 대표 단어를
그림과 함께 보여줘요.

A 점선을 따라 선을 그려보세요.

알파벳을 쓰는데 필요한 선 그리기부터 시작해요.
그리는 선은 알파벳마다 달라요.

B 점선을 따라 글자를 완성해보세요.

A A A A A A

따라 쓰기를 통해 알파벳을
완벽하게 익힐 수 있게 안내해요.

C 큰소리로 말하며 글자를 써보세요.

이 책은 알파벳을 쉽게 익힐 수 있게 구성했어요. 그림을 통해 눈으로 기억하기 쉽게 했으며, 따라 쓰기도 효율적이어서 금방 외울 수 있게 도와준답니다. 또한 자연스럽게 반복적인 학습이 이루어지게 구성했으니 시간을 절약할 수 있어요. 주요 특징은 다음과 같아요.

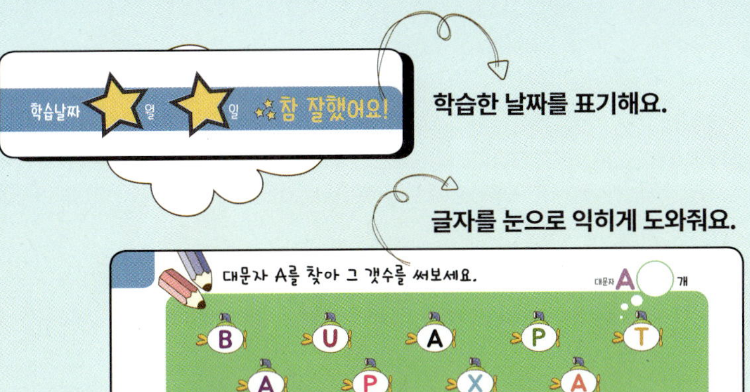

단어를 표현한 그림을
보면서 쓰는 연습을 해요.

눈으로 다시 한 번 확인해요.

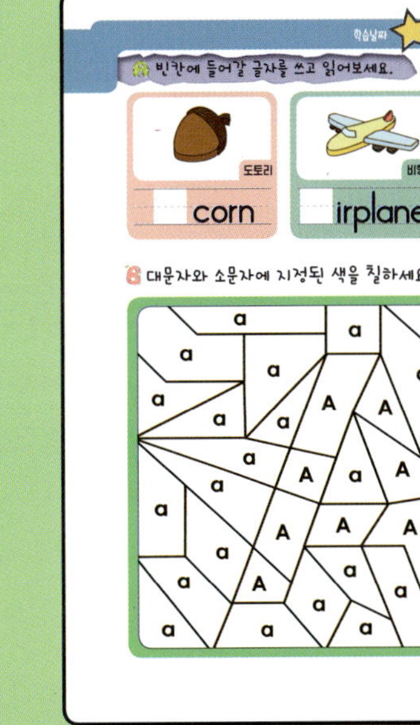

대문자와 소문자에 지정된 색을 칠하면서 모양을 익혀요.

A 대문자 '에이'라고 읽어요.

A 점선을 따라 선을 그려보세요.

B 점선을 따라 글자를 완성해보세요.

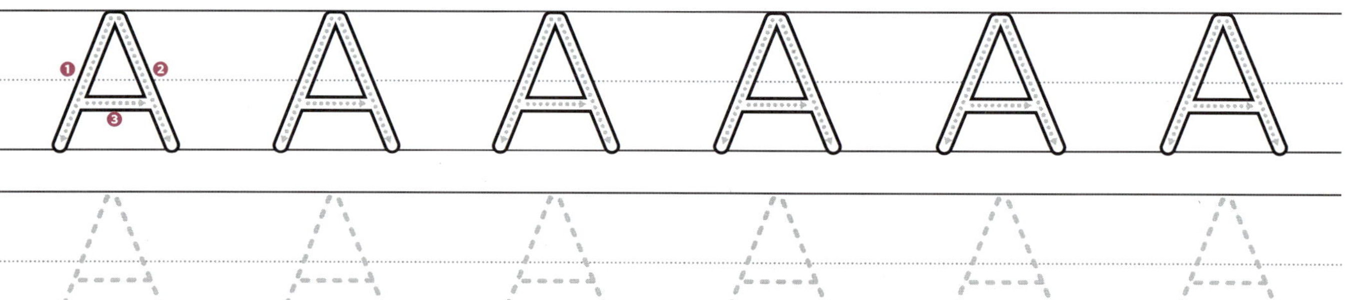

C 큰소리로 말하며 글자를 써보세요.

대문자 A를 찾아 그 갯수를 써보세요.

대문자 A ◯ 개

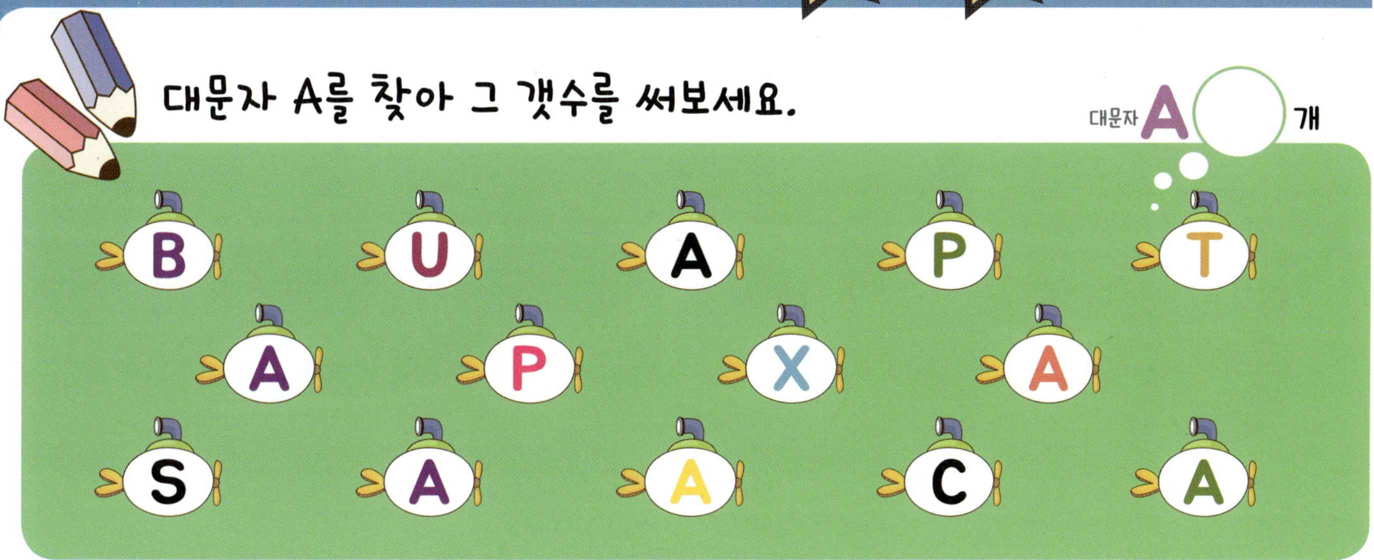

A 빈칸에 들어갈 글자를 쓰고 읽어보세요.

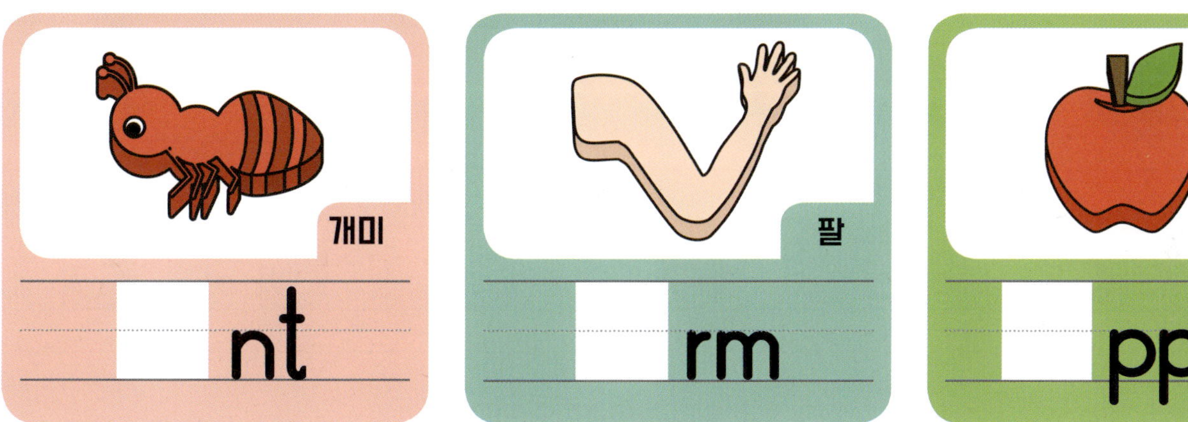

개미

___nt

팔

___rm

사과

___pple

B 대문자 A가 들어간 단어에 동그라미 하세요.

도넛

Donut

나뭇잎

Leaf

비행기

Airplane

나무

Tree

DAY
2
a 소문자 '에이' 라고 읽어요.
ant

A 점선을 따라 선을 그려보세요.

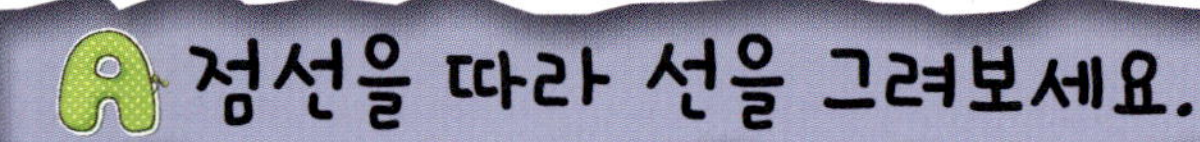

B 점선을 따라 글자를 완성해보세요.

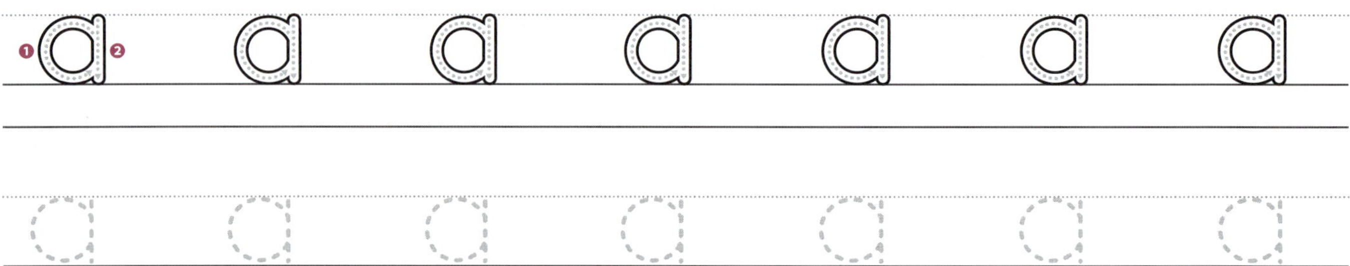

C 큰소리로 말하며 글자를 써보세요.

A 빈칸에 들어갈 글자를 쓰고 읽어보세요.

도토리

corn

비행기

irplane

개미핥기

nteater

B 대문자와 소문자에 지정된 색을 칠하세요　A = 　a =

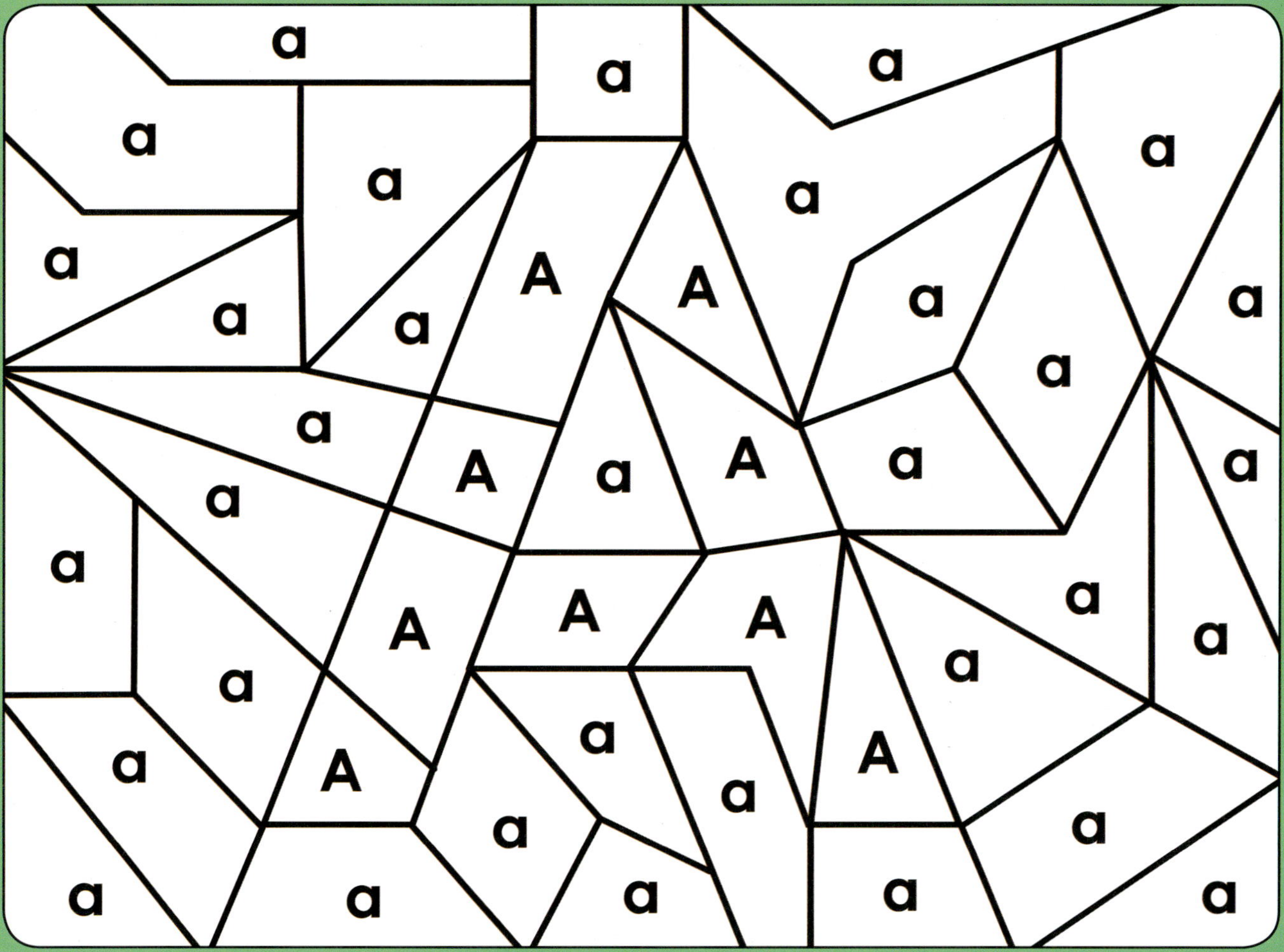

B 대문자 '비-'라고 읽어요.

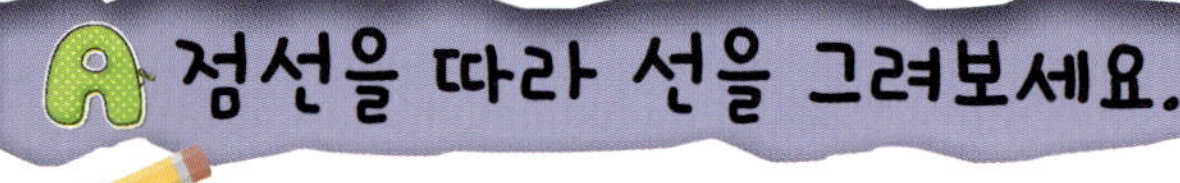

A 점선을 따라 선을 그려보세요.

B 점선을 따라 글자를 완성해보세요.

C 큰소리로 말하며 글자를 써보세요.

대문자 B를 찾아 그 갯수를 써보세요.

대문자 B ◯ 개

A 빈칸에 들어갈 글자를 쓰고 읽어보세요.

B 대문자 B가 들어간 단어에 동그라미 하세요.

b 소문자 '비-' 라고 읽어요.

A 점선을 따라 선을 그려보세요.

B 점선을 따라 글자를 완성해보세요.

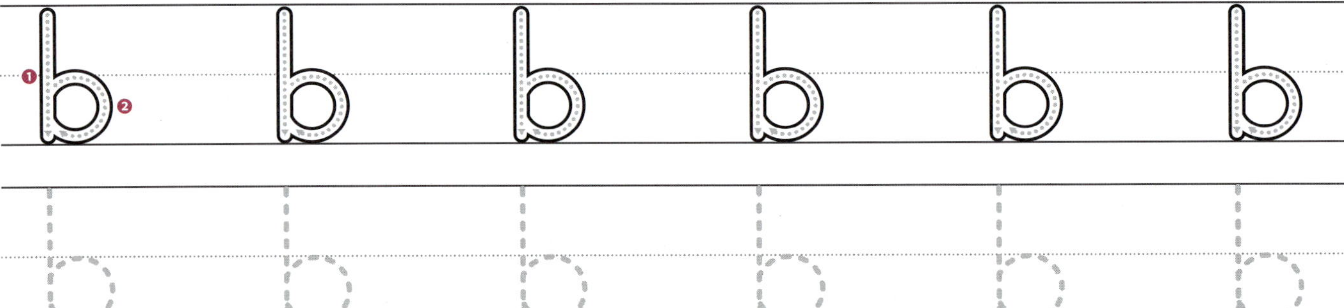

C 큰소리로 말하며 글자를 써보세요.

학습날짜 월 일 참 잘했어요!

A 빈칸에 들어갈 글자를 쓰고 읽어보세요.

공

☐all

굴착기

☐ackhoe

곰

☐ear

B 대문자와 소문자에 지정된 색을 칠하세요

B = (파란색) b = (주황색)

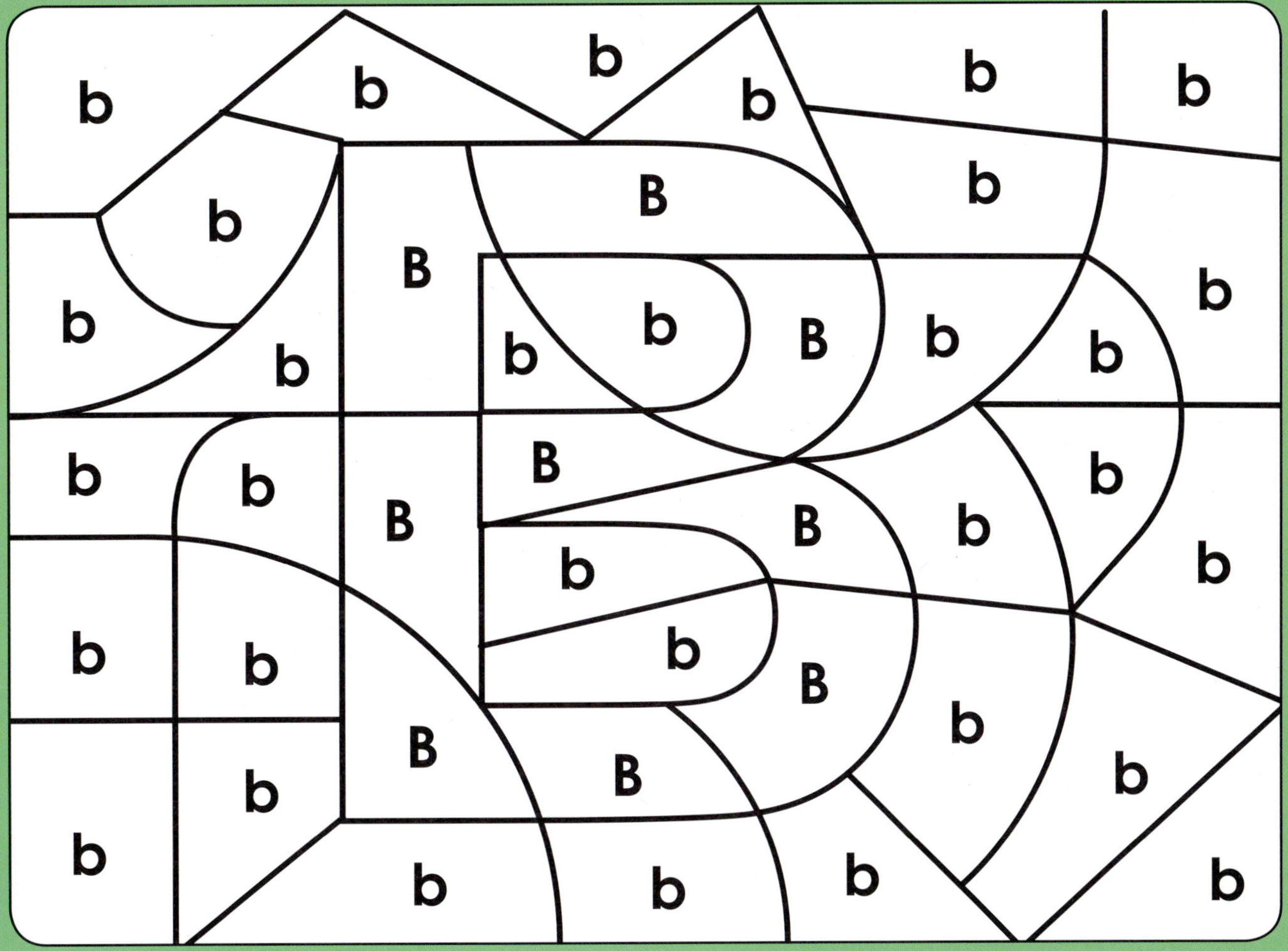

DAY 5
C 대문자 '씨-'라고 읽어요.
Clock

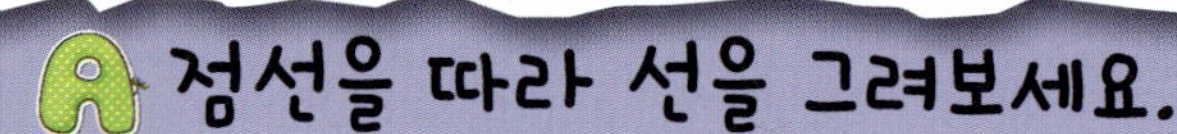

A 점선을 따라 선을 그려보세요.

B 점선을 따라 글자를 완성해보세요.

C C C C C C

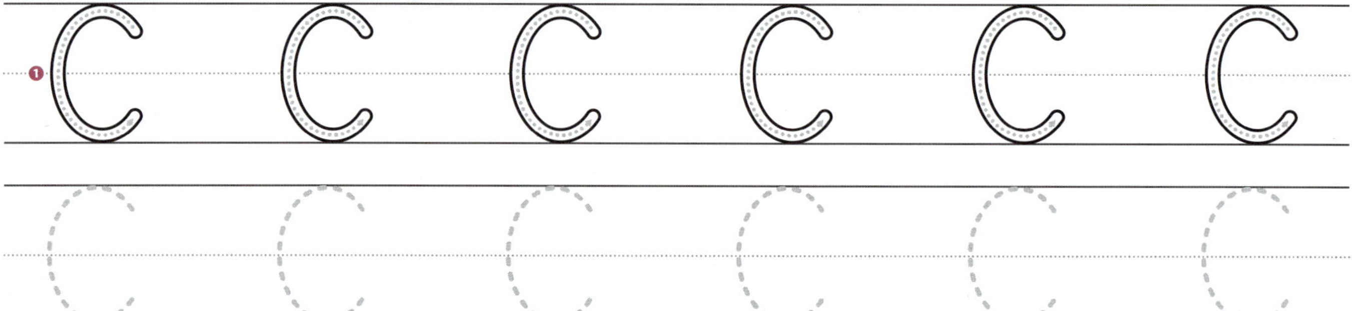

C 큰소리로 말하며 글자를 써보세요.

대문자 C를 찾아 그 갯수를 써보세요.

대문자 C ◯ 개

A 빈칸에 들어갈 글자를 쓰고 읽어보세요.

자동차

ar

케이크

ake

당근

arrot

B 대문자 C가 들어간 단어에 동그라미 하세요.

타조
Ostrich

시계
Clock

게임
Game

뱀
Snake

C 소문자 '씨-'라고 읽어요.

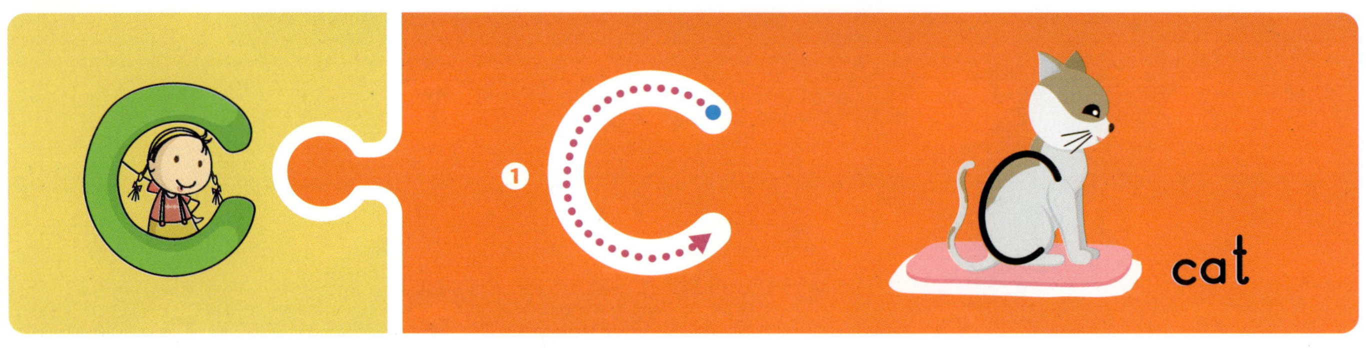

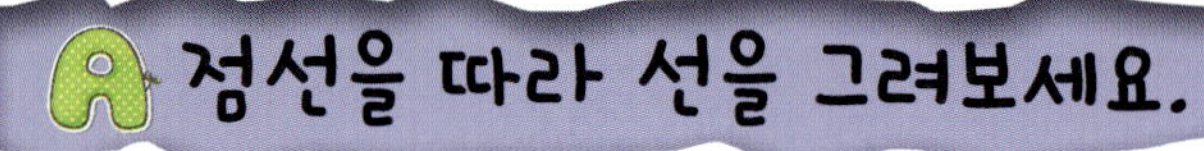
A 점선을 따라 선을 그려보세요.

B 점선을 따라 글자를 완성해보세요.

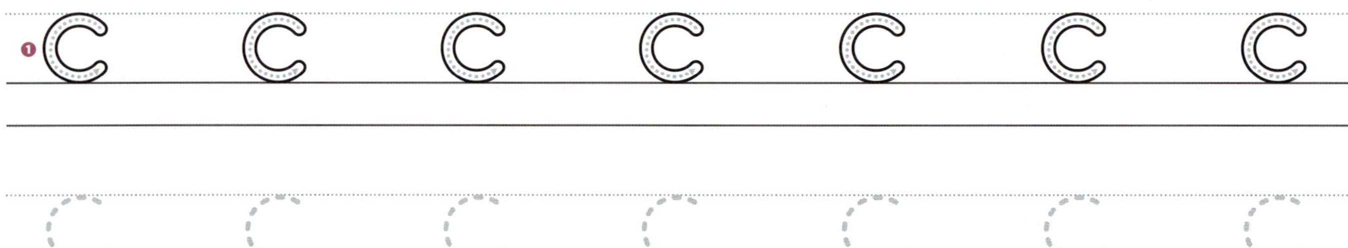

C 큰소리로 말하며 글자를 써보세요.

A 빈칸에 들어갈 글자를 쓰고 읽어보세요.

시계

lock

구름

loud

고양이

at

B 대문자와 소문자에 지정된 색을 칠하세요

C = ▬ c = ▬

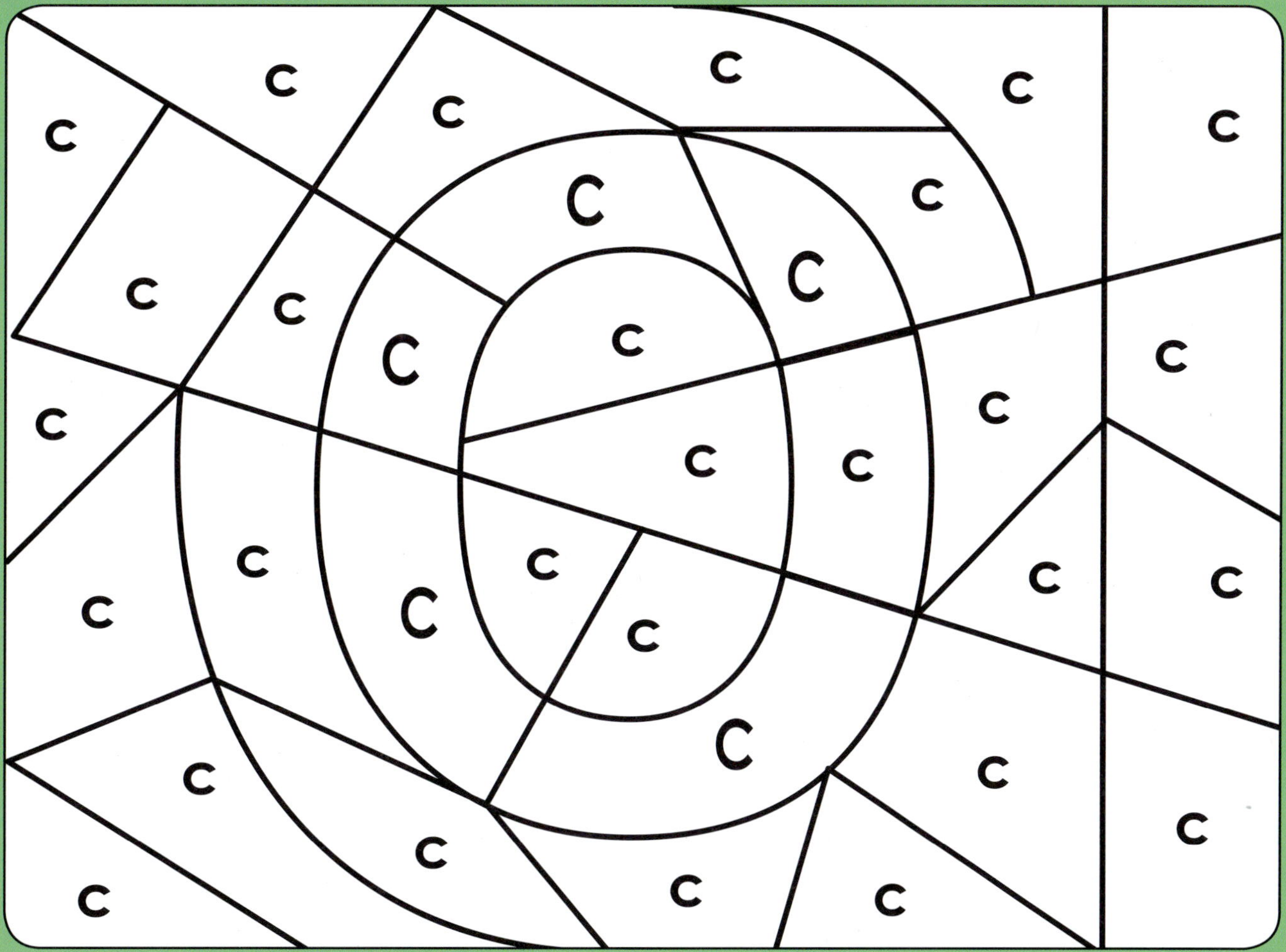

D 대문자 '디-'라고 읽어요.

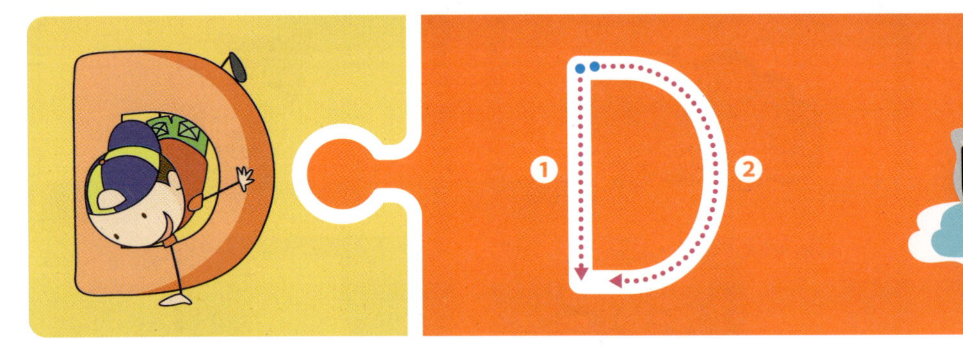

Duck

A 점선을 따라 선을 그려보세요.

B 점선을 따라 글자를 완성해보세요.

C 큰소리로 말하며 글자를 써보세요.

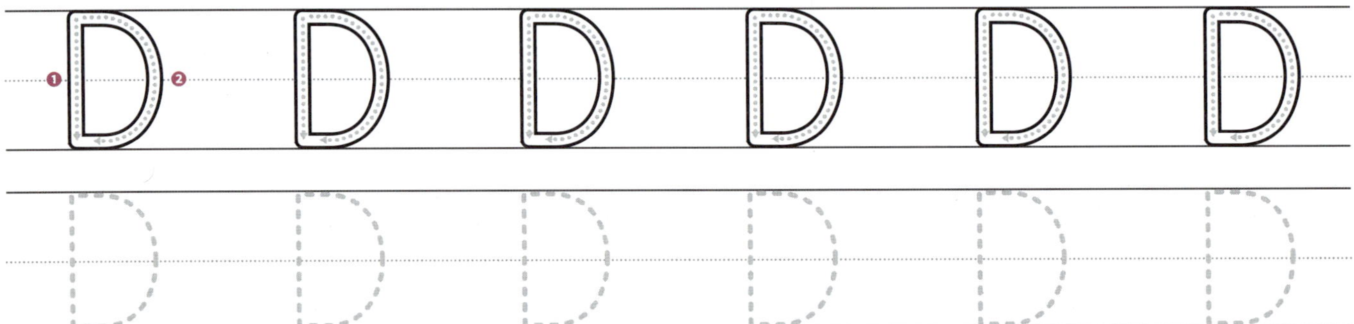

대문자 D를 찾아 그 갯수를 써보세요.

대문자 D 〇 개

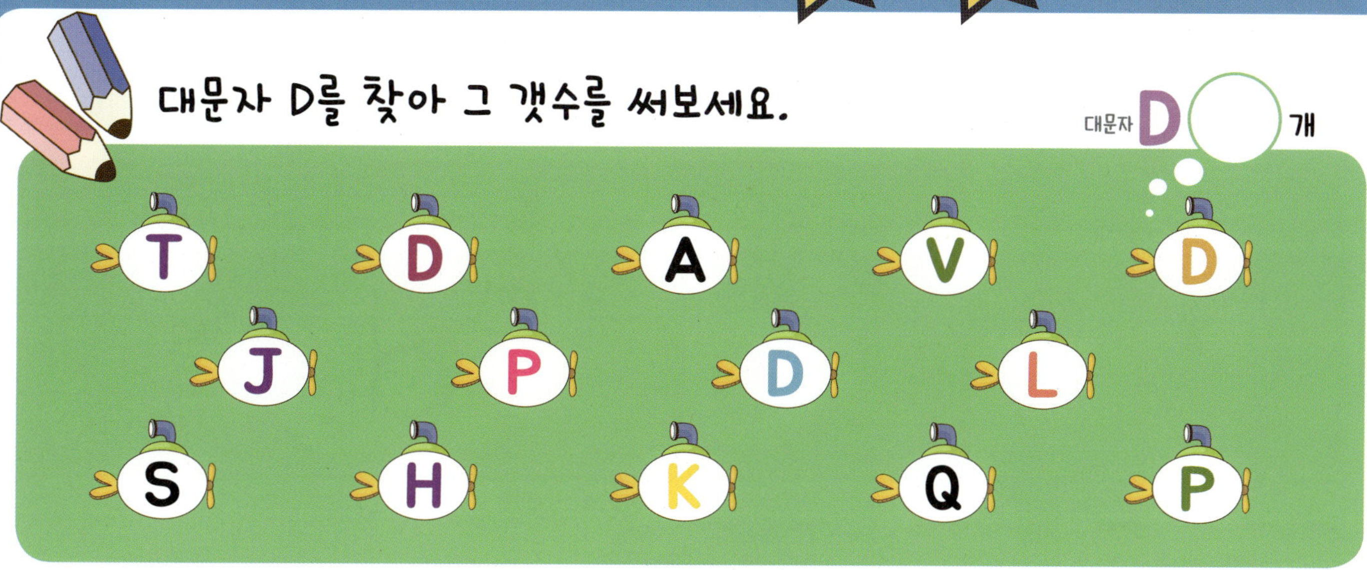

A 빈칸에 들어갈 글자를 쓰고 읽어보세요.

B 대문자 D가 들어간 단어에 동그라미 하세요.

d 소문자 '디-'라고 읽어요.

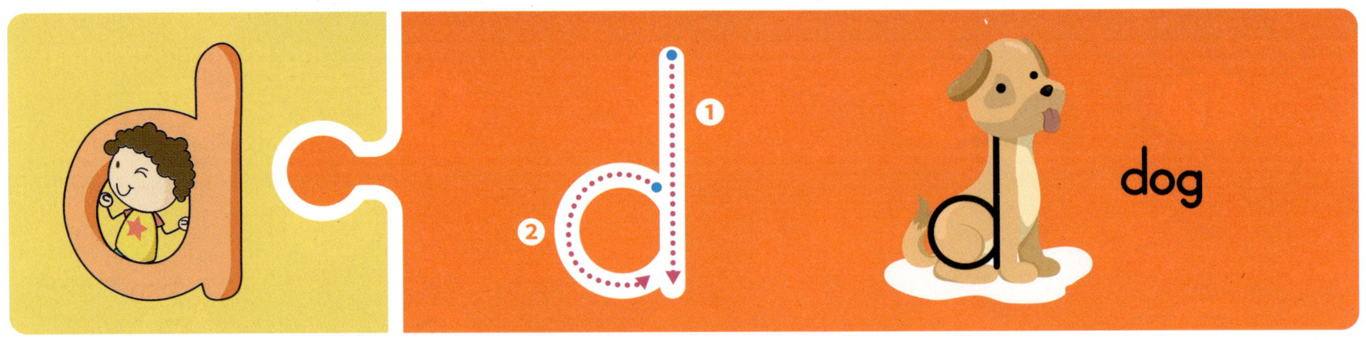

A 점선을 따라 선을 그려보세요.

B 점선을 따라 글자를 완성해보세요.

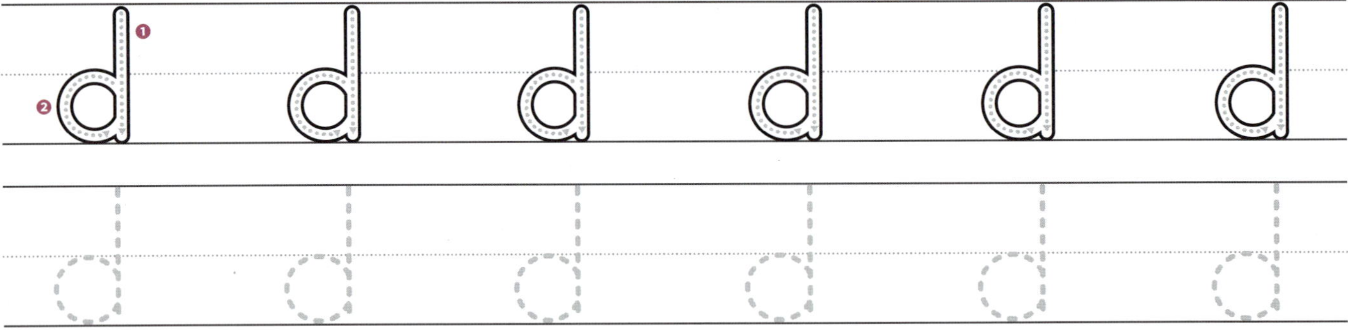

C 큰소리로 말하며 글자를 써보세요.

A 빈칸에 들어갈 글자를 쓰고 읽어보세요.

도넛

onut

돌고래

olphin

문

oor

B 대문자와 소문자에 지정된 색을 칠하세요

D = 　　　 d = 　　　

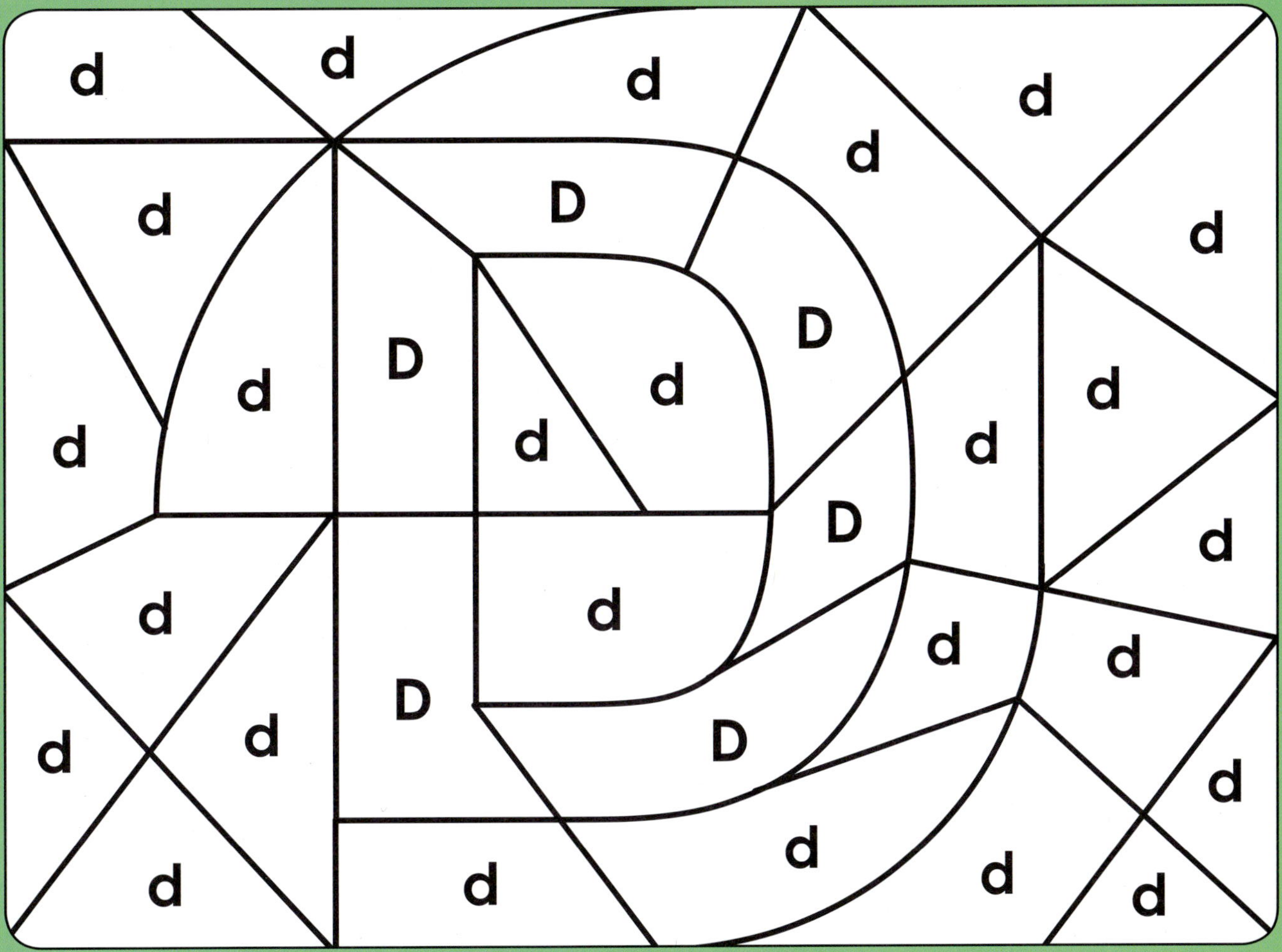

E

대문자 '이-'라고 읽어요.

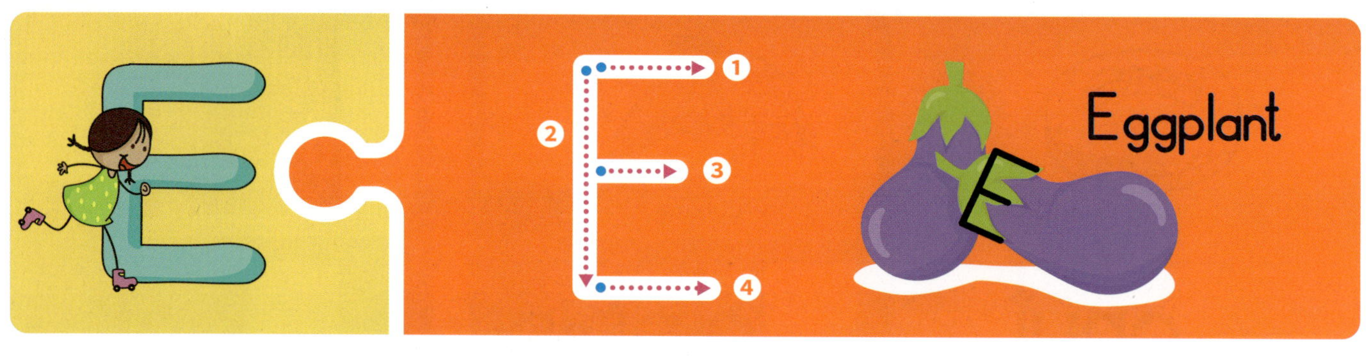

A 점선을 따라 선을 그려보세요.

B 점선을 따라 글자를 완성해보세요.

E E E E E

C 큰소리로 말하며 글자를 써보세요.

대문자 E를 찾아 그 갯수를 써보세요.

대문자 E ◯ 개

A 빈칸에 들어갈 글자를 쓰고 읽어보세요.

B 대문자 E가 들어간 단어에 동그라미 하세요.

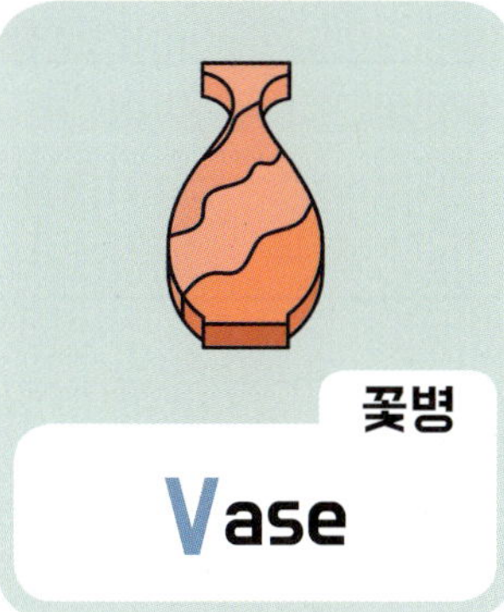

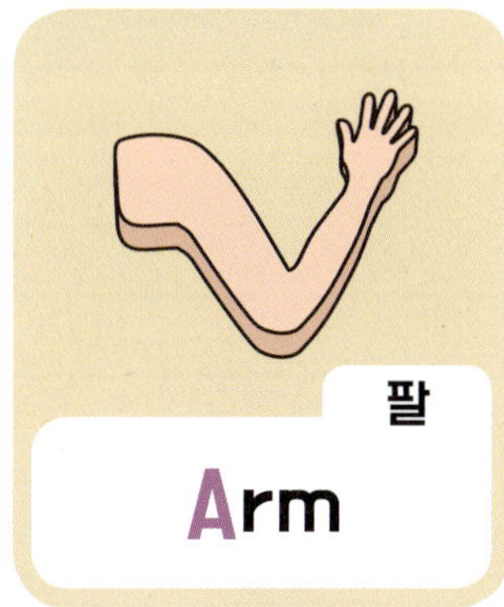

e 소문자 '이-'라고 읽어요.

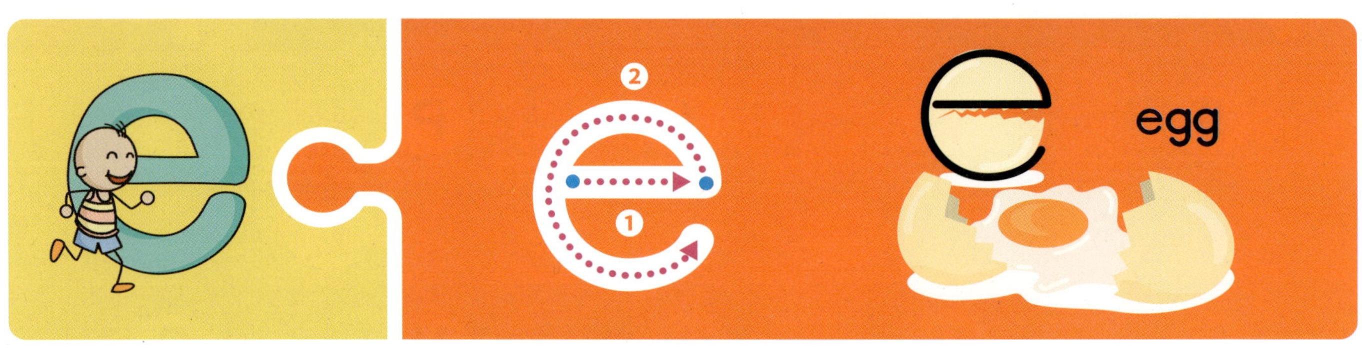

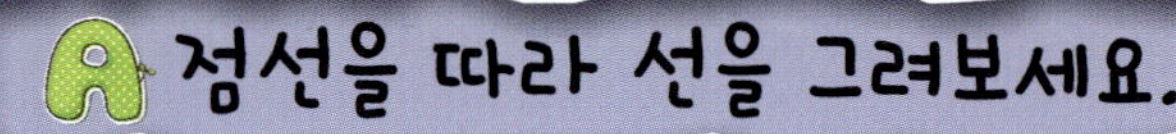

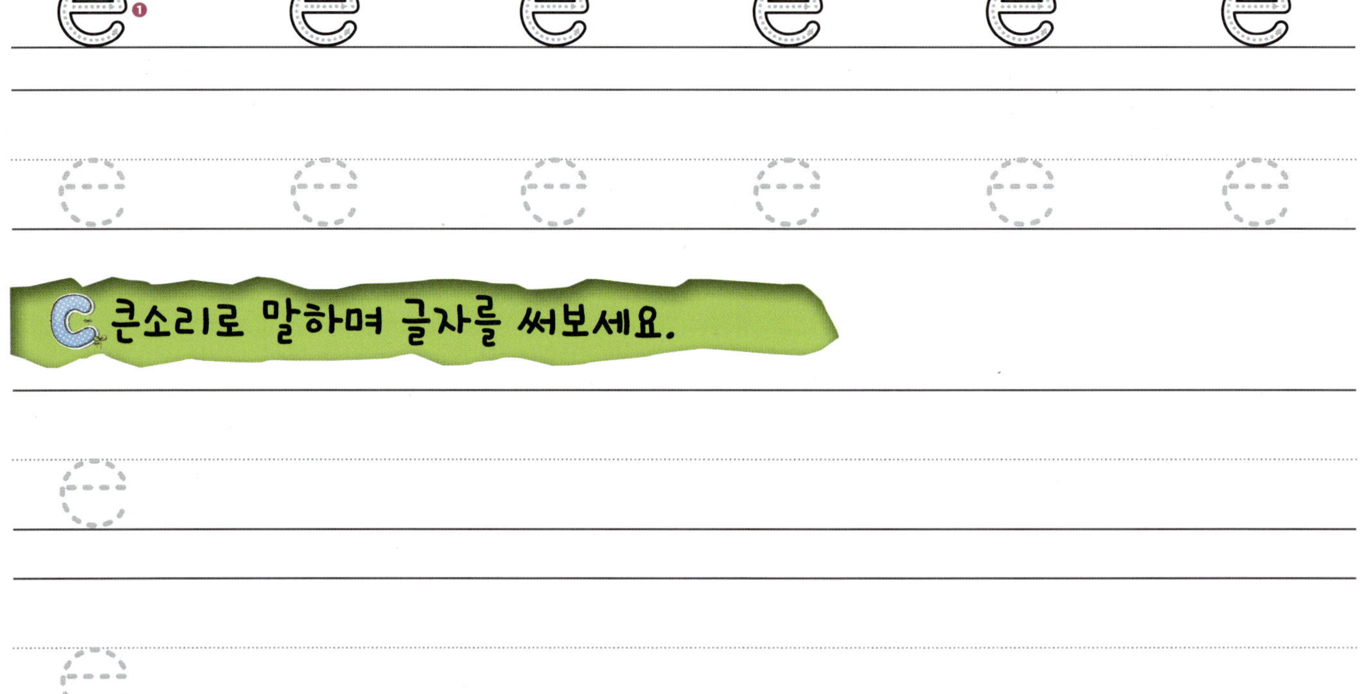

A 빈칸에 들어갈 글자를 쓰고 읽어보세요.

가지

_ggplant

독수리

_agle

귀

_ar

B 대문자와 소문자에 지정된 색을 칠하세요

E = ▨ e = ▨

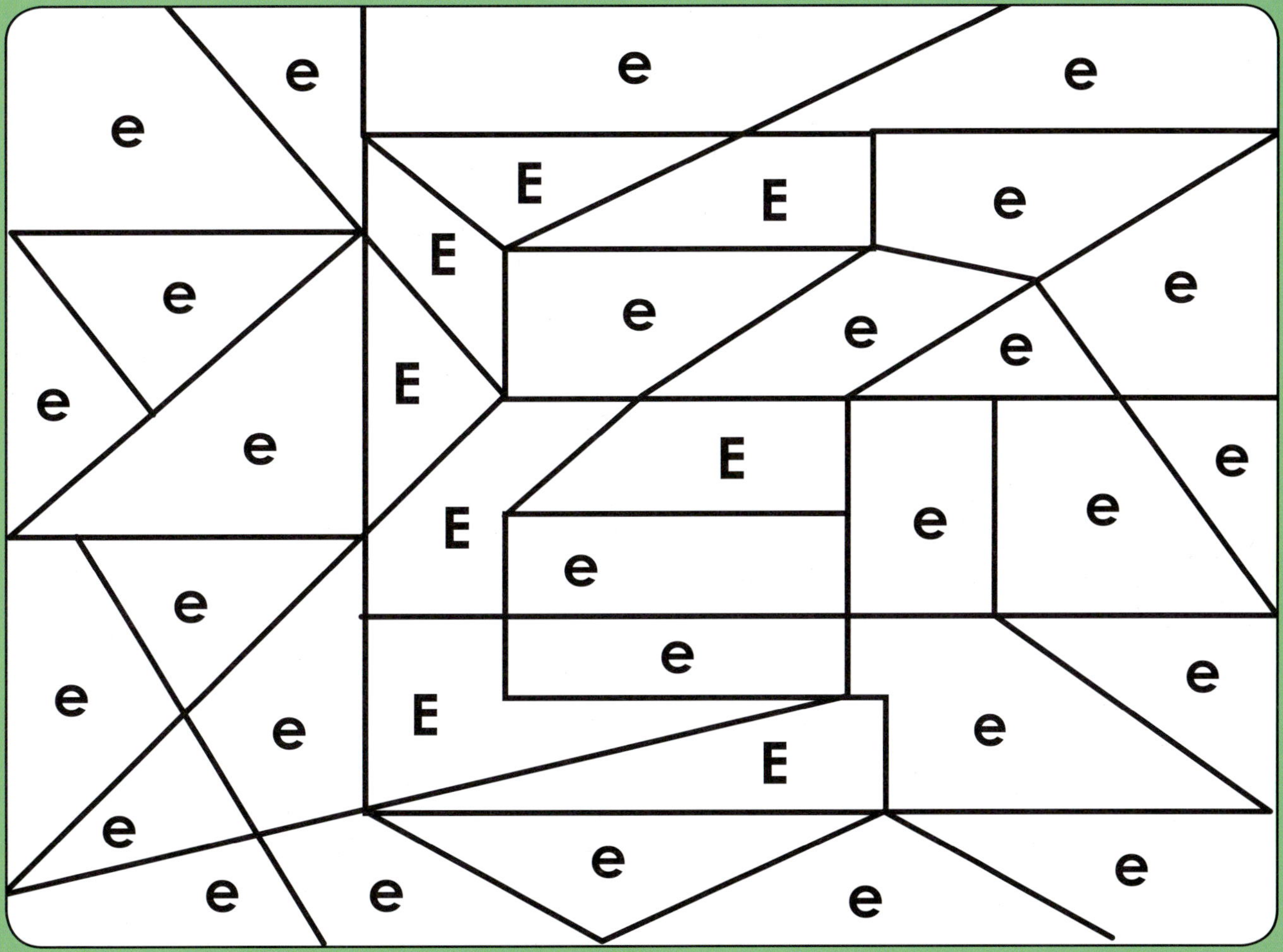

F

대문자 '에프'라고 읽어요.

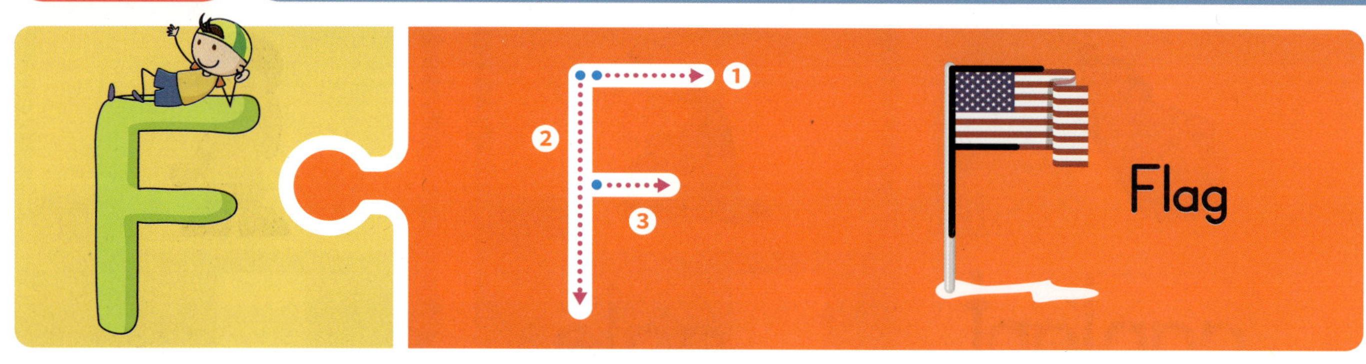

F

Flag

A 점선을 따라 선을 그려보세요.

B 점선을 따라 글자를 완성해보세요.

F F F F F

C 큰소리로 말하며 글자를 써보세요.

대문자 F를 찾아 그 갯수를 써보세요.

대문자 F ◯ 개

A 빈칸에 들어갈 글자를 쓰고 읽어보세요.

B 대문자 F가 들어간 단어에 동그라미 하세요.

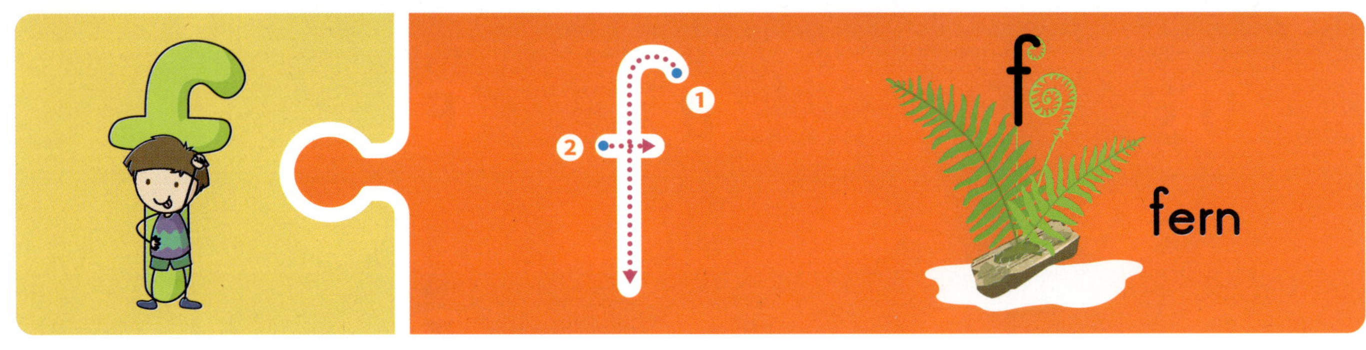

f 소문자 '에프'라고 읽어요.

fern

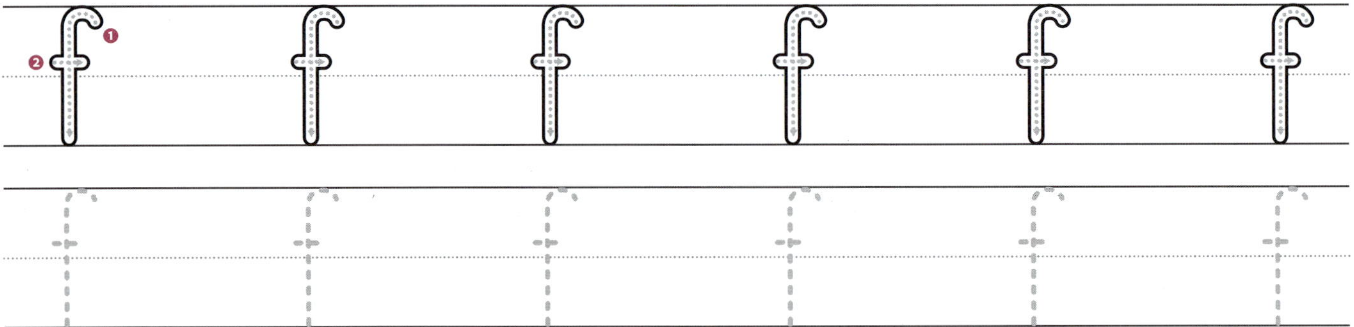

A 빈칸에 들어갈 글자를 쓰고 읽어보세요.

깃발

_lag

포크

_ork

양치식물

_ern

B 대문자와 소문자에 지정된 색을 칠하세요

F = ▨　f = ▨

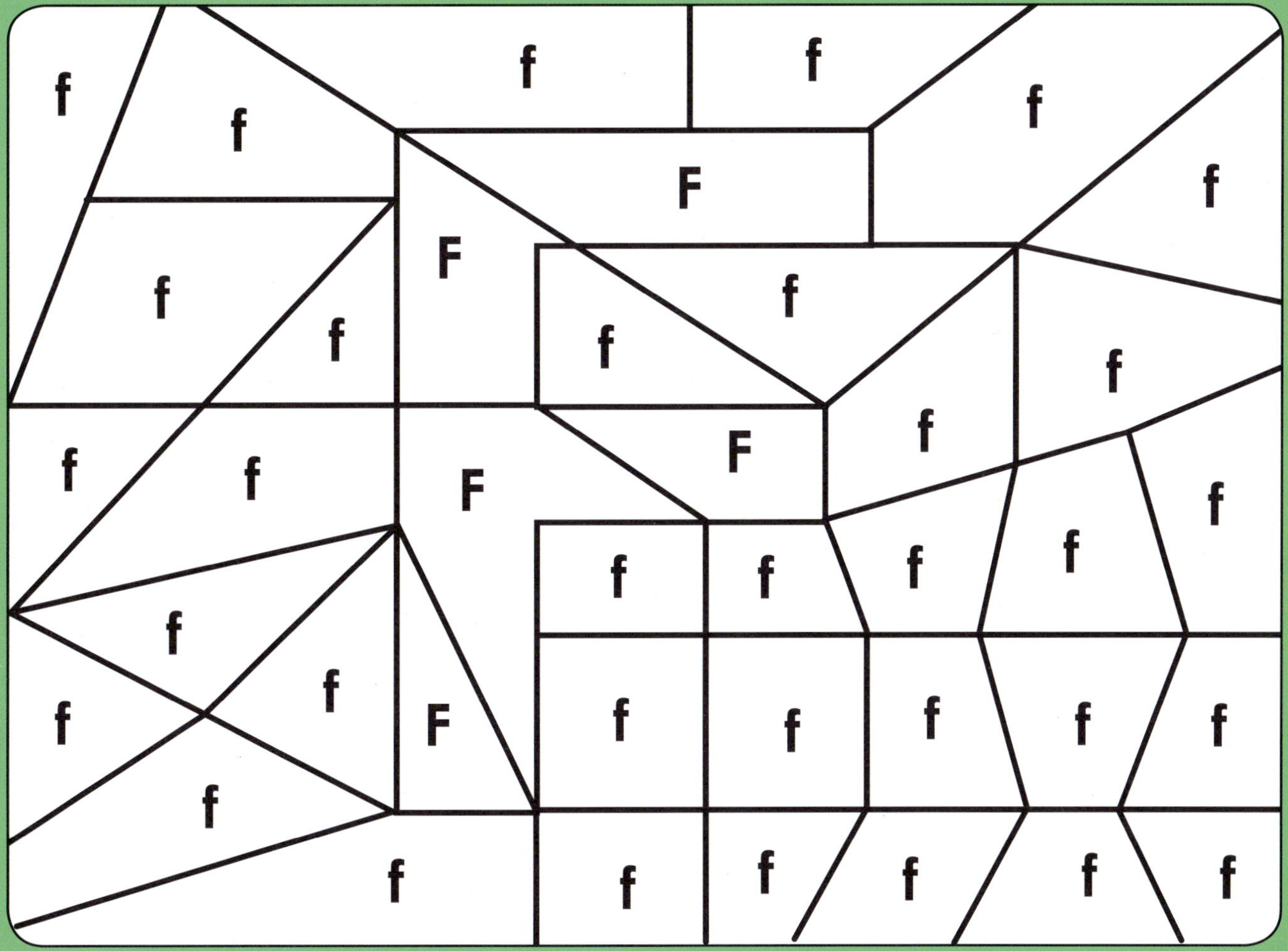

G 대문자 '쥐-'라고 읽어요.

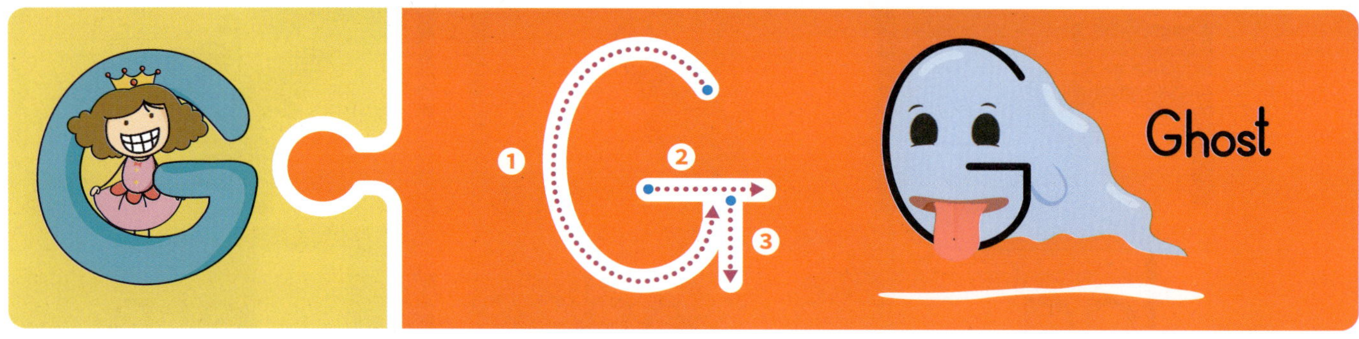

A 점선을 따라 선을 그려보세요.

B 점선을 따라 글자를 완성해보세요.

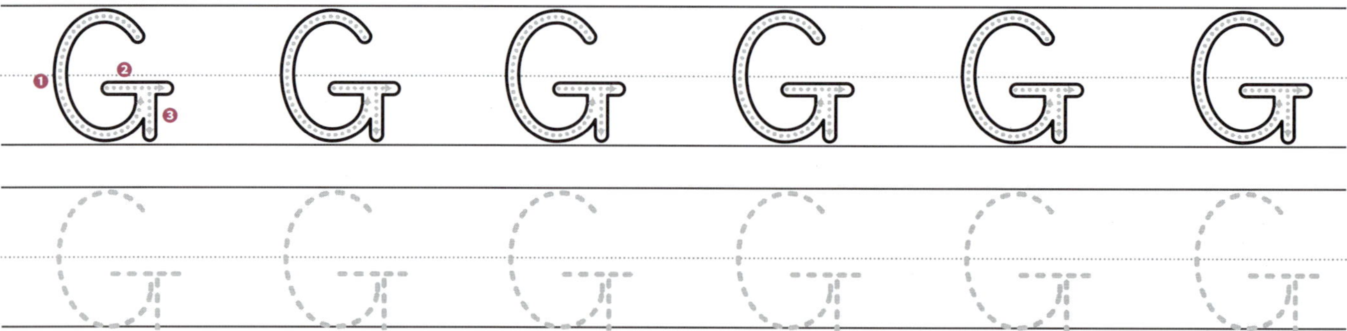

C 큰소리로 말하며 글자를 써보세요.

대문자 G를 찾아 그 갯수를 써보세요.

대문자 G ( ) 개

A 빈칸에 들어갈 글자를 쓰고 읽어보세요.

B 대문자 G가 들어간 단어에 동그라미 하세요.

g 소문자 '쥐-'라고 읽어요.

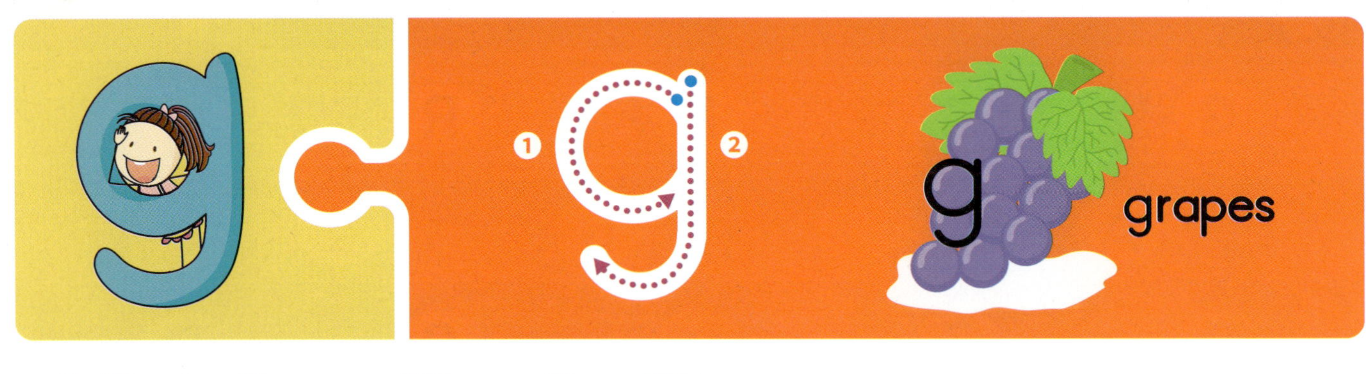

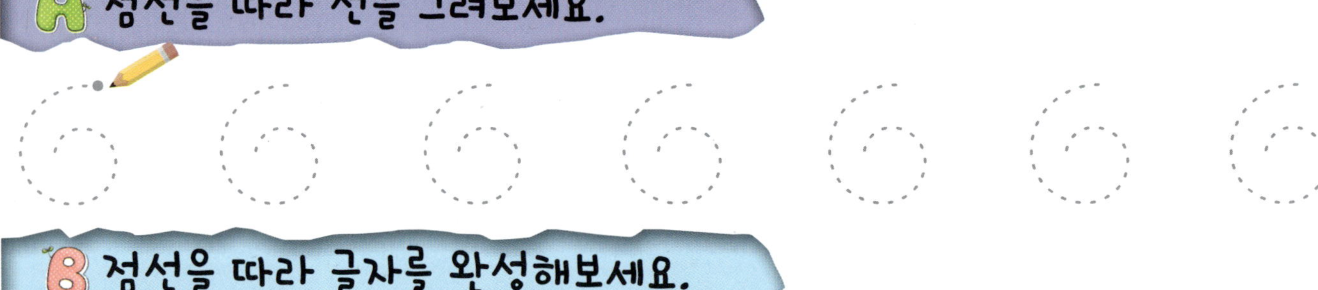

A 점선을 따라 선을 그려보세요.

B 점선을 따라 글자를 완성해보세요.

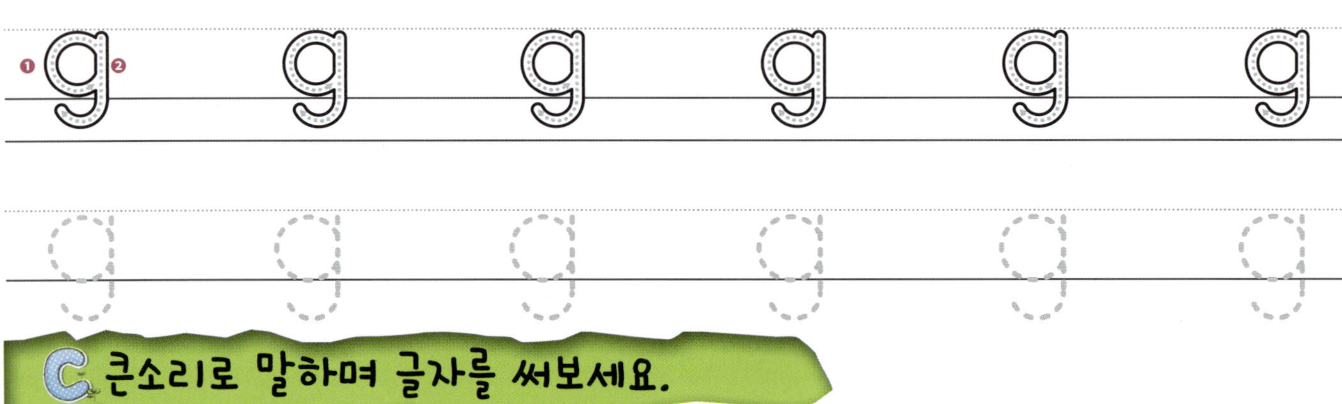

C 큰소리로 말하며 글자를 써보세요.

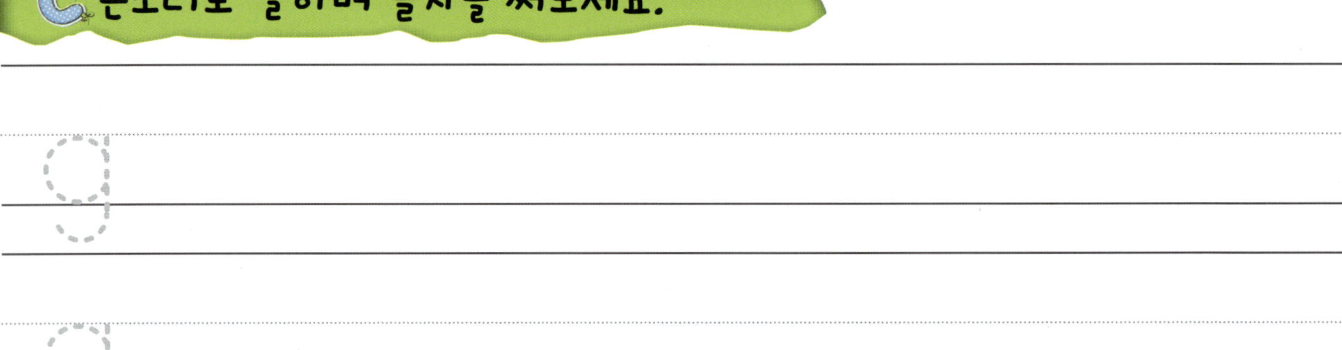

A 빈칸에 들어갈 글자를 쓰고 읽어보세요.

기린

iraffe

선물

ift

유령

host

B 대문자와 소문자에 지정된 색을 칠하세요

G = 　　　g =

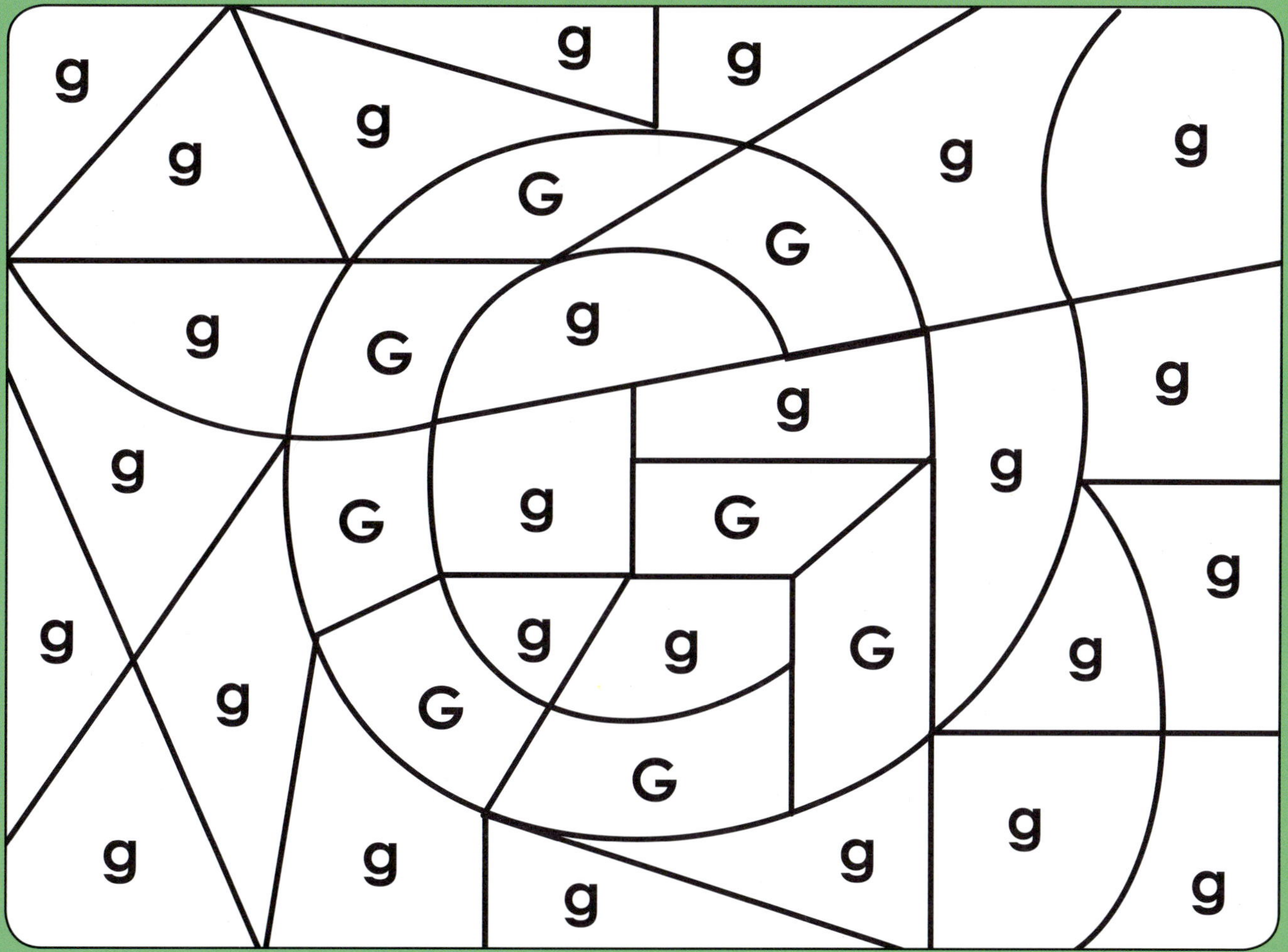

H 대문자 '에이취'라고 읽어요.

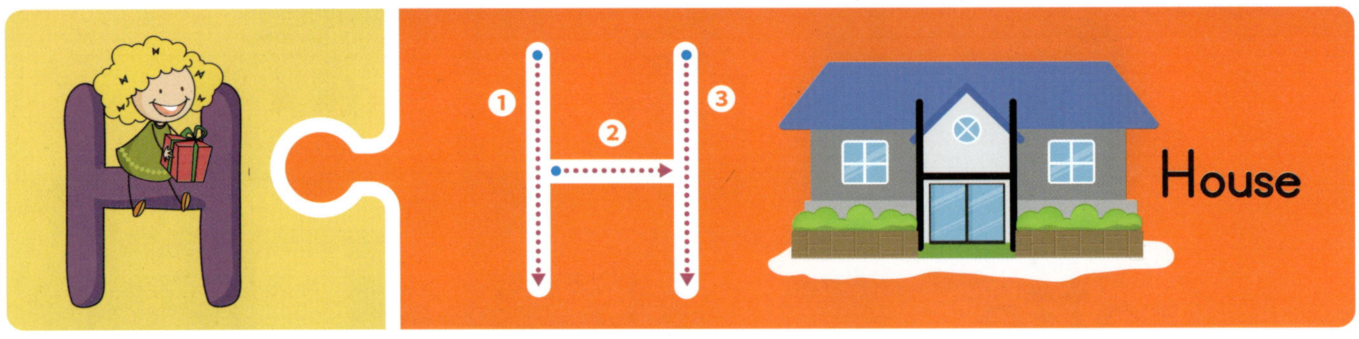

A 점선을 따라 선을 그려보세요.

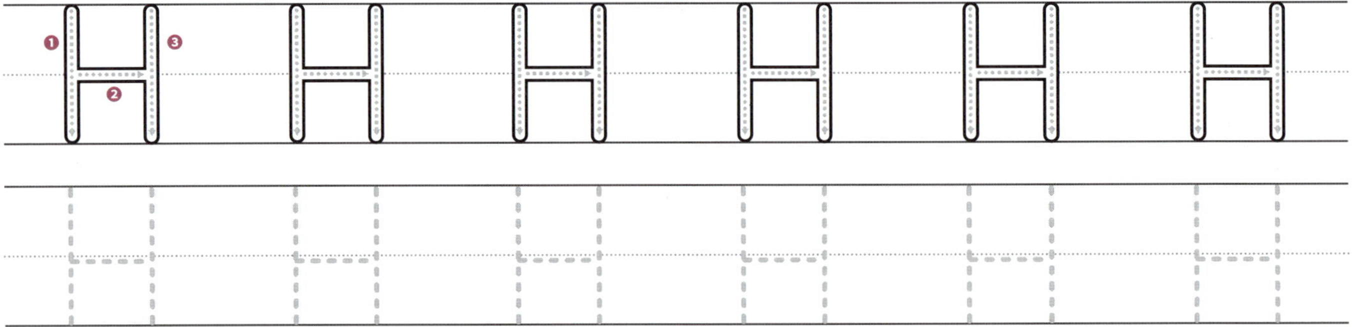

B 점선을 따라 글자를 완성해보세요.

C 큰소리로 말하며 글자를 써보세요.

대문자 H를 찾아 그 갯수를 써보세요.

대문자 **H** ◯ 개

A 빈칸에 들어갈 글자를 쓰고 읽어보세요.

B 대문자 H가 들어간 단어에 동그라미 하세요.

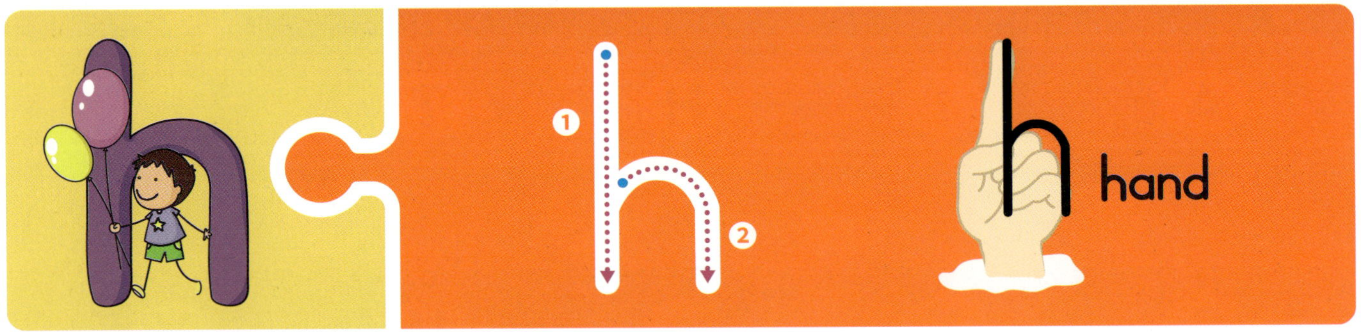

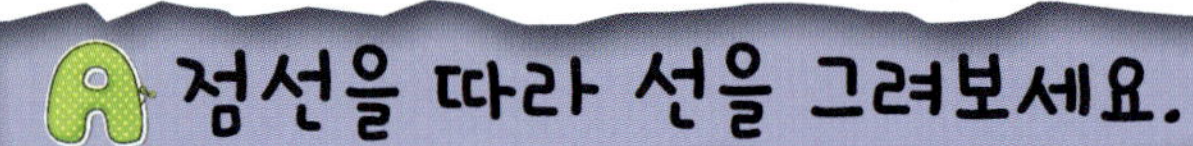

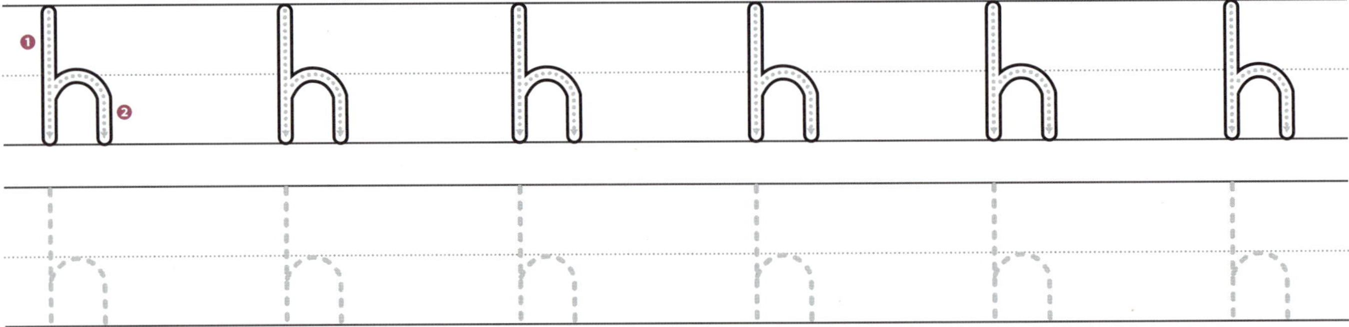

C 큰소리로 말하며 글자를 써보세요.

Ａ 빈칸에 들어갈 글자를 쓰고 읽어보세요.

집

＿ouse

하마

＿ippopotamus

고슴도치

＿edgehog

Ｂ 대문자와 소문자에 지정된 색을 칠하세요

H = 　　　h =

I 대문자 '아이'라고 읽어요.

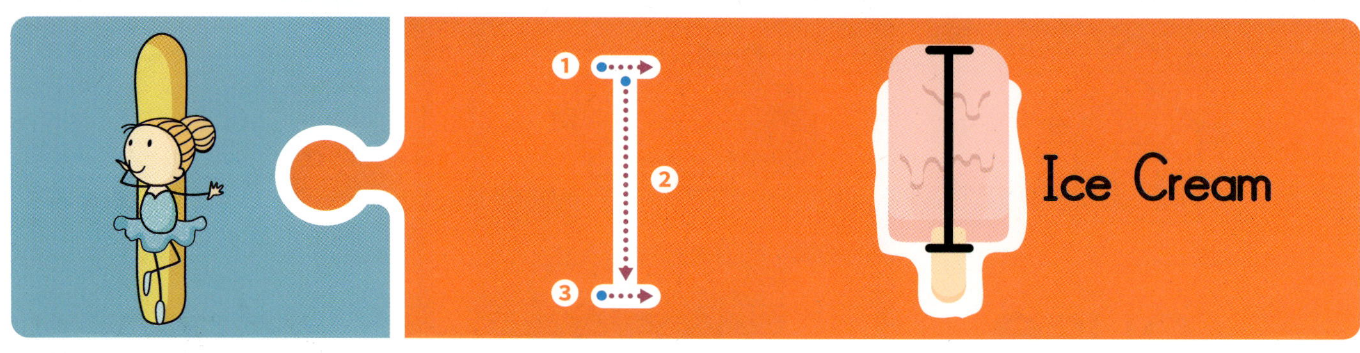

A 점선을 따라 선을 그려보세요.

B 점선을 따라 글자를 완성해보세요.

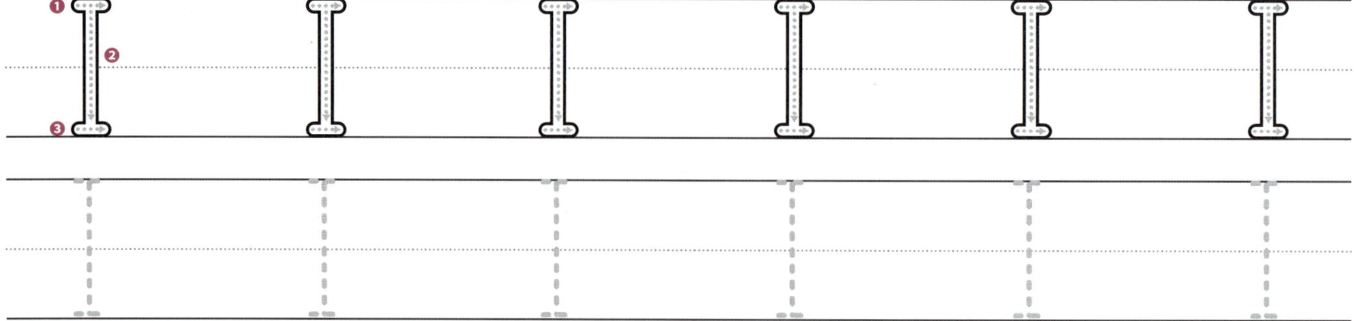

C 큰소리로 말하며 글자를 써보세요.

대문자 I를 찾아 그 갯수를 써보세요.

대문자 **I** ( ) 개

A 빈칸에 들어갈 글자를 쓰고 읽어보세요.

B 대문자 I가 들어간 단어에 동그라미 하세요.

i

소문자 '**아이**' 라고 읽어요.

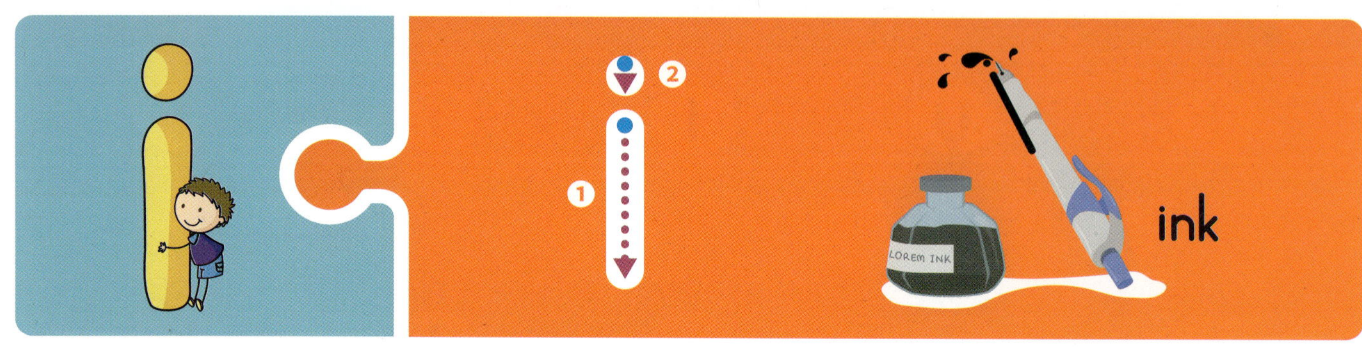

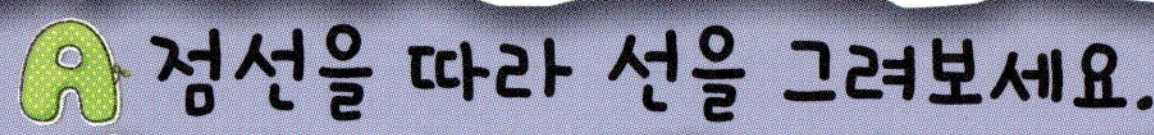

A 점선을 따라 선을 그려보세요.

B 점선을 따라 글자를 완성해보세요.

C 큰소리로 말하며 글자를 써보세요.

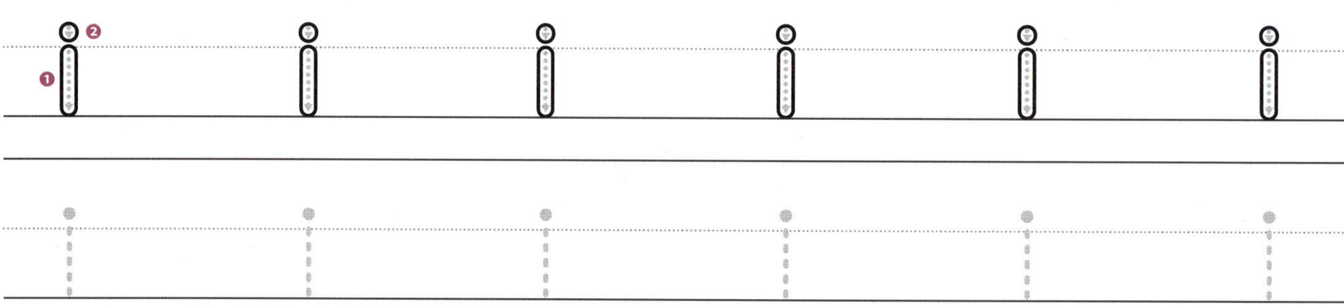

 빈칸에 들어갈 글자를 쓰고 읽어보세요.

☐ce

☐nk

☐sland

 대문자와 소문자에 지정된 색을 칠하세요

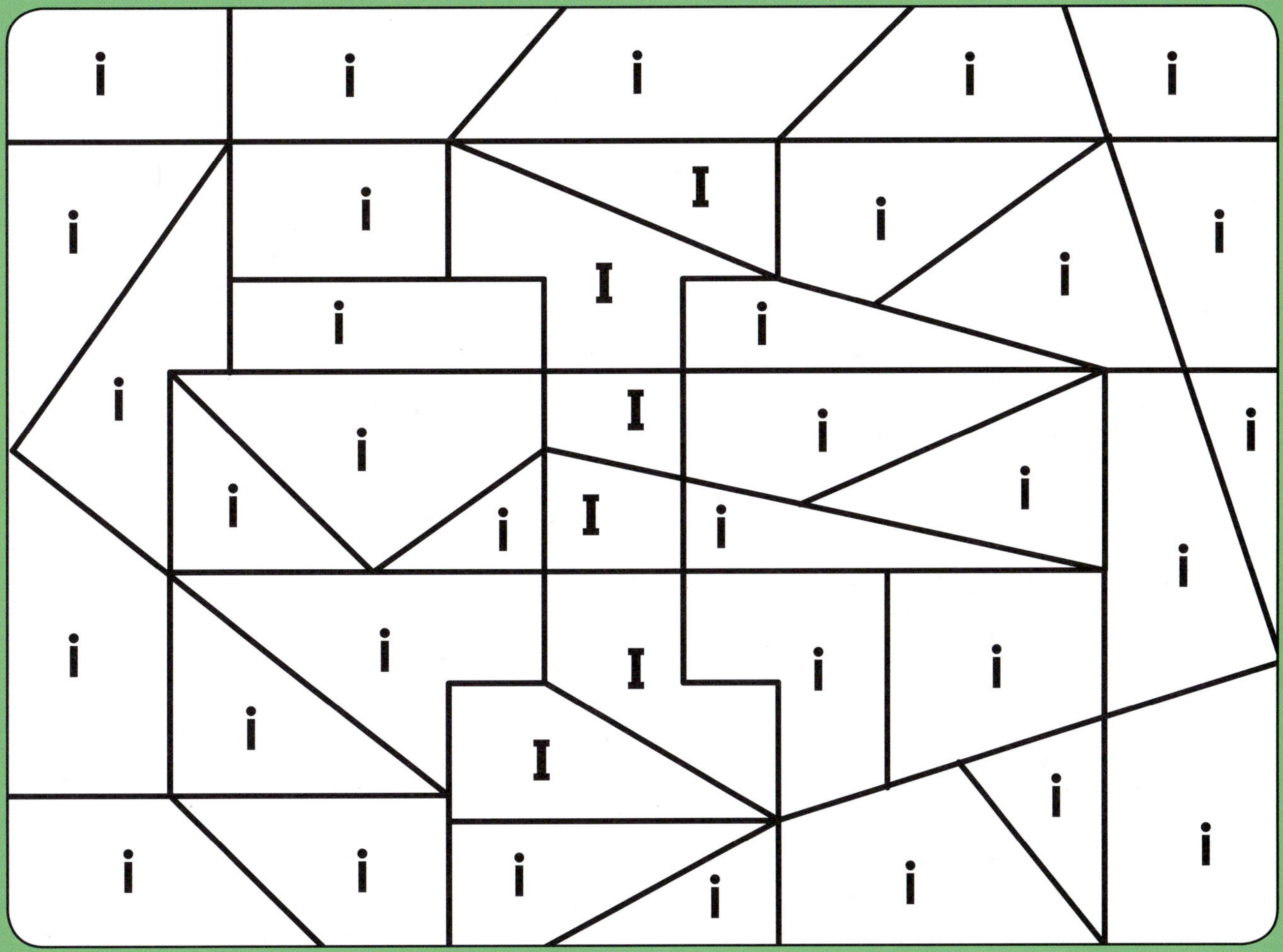

J

대문자 '줴이'라고 읽어요.

A 점선을 따라 선을 그려보세요.

B 점선을 따라 글자를 완성해보세요.

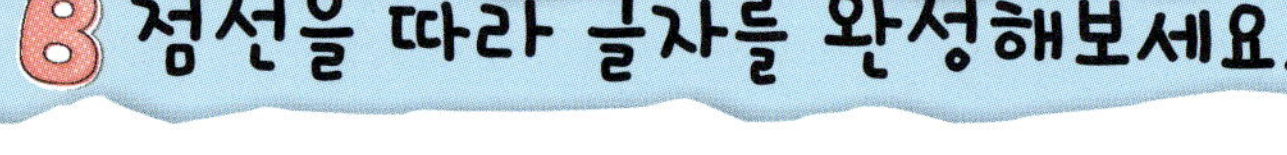

C 큰소리로 말하며 글자를 써보세요.

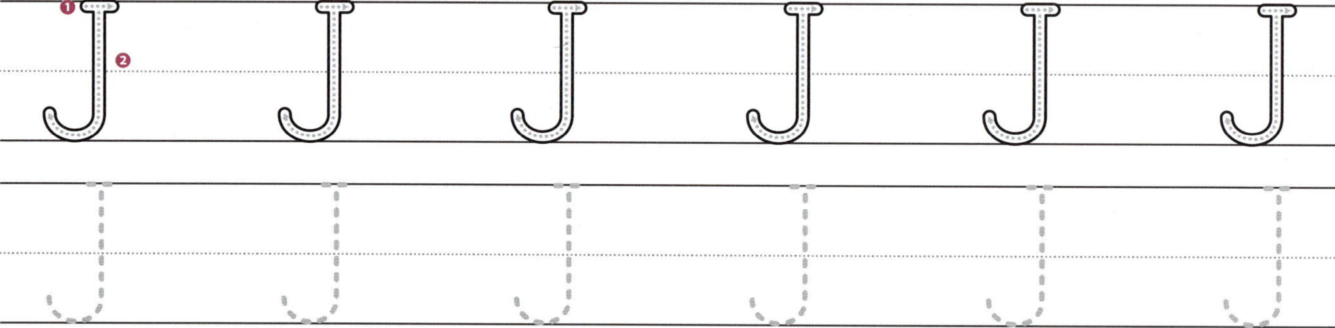

대문자 J를 찾아 그 갯수를 써보세요.

대문자 J ◯ 개

A 빈칸에 들어갈 글자를 쓰고 읽어보세요.

B 대문자 J가 들어간 단어에 동그라미 하세요.

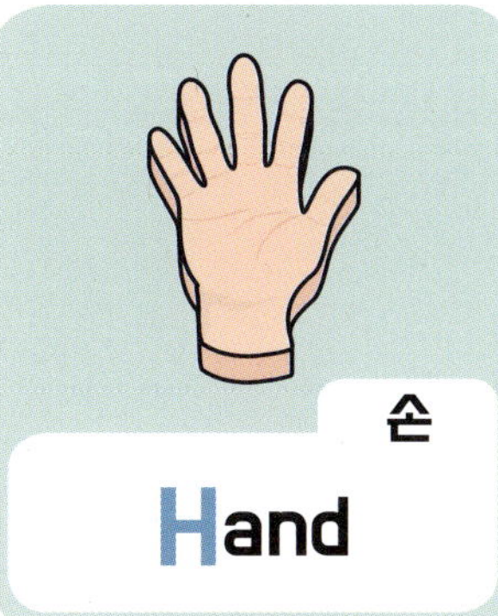

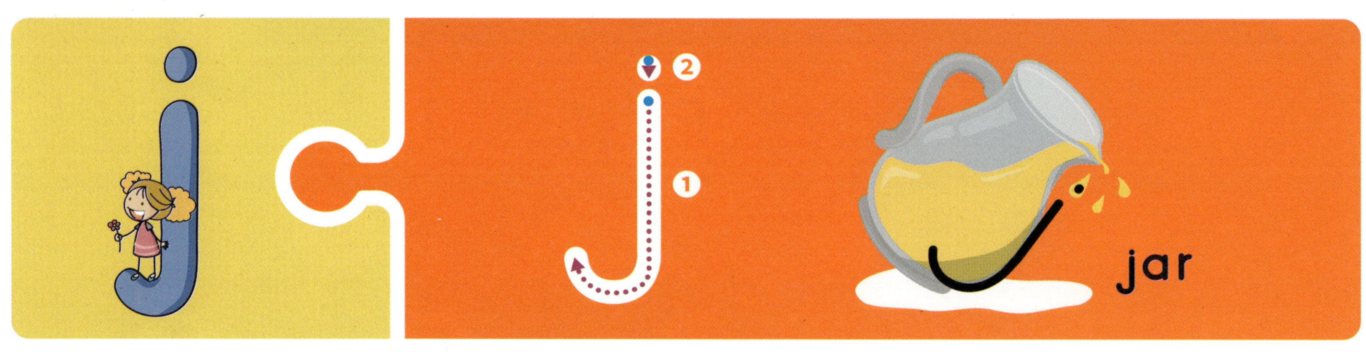

j

소문자 '줴이' 라고 읽어요.

A 점선을 따라 선을 그려보세요.

B 점선을 따라 글자를 완성해보세요.

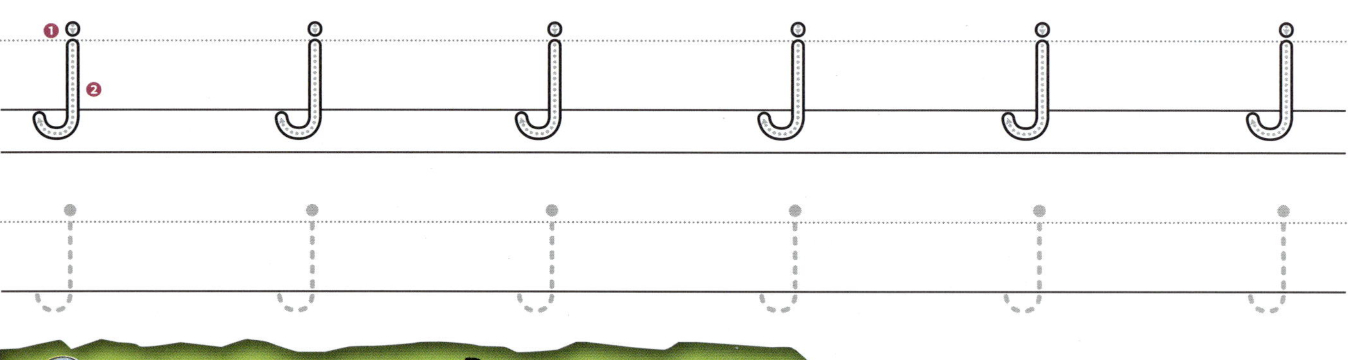

C 큰소리로 말하며 글자를 써보세요.

A 빈칸에 들어갈 글자를 쓰고 읽어보세요.

재킷

acket

쥬스

uice

표범

aguar

B 대문자와 소문자에 지정된 색을 칠하세요

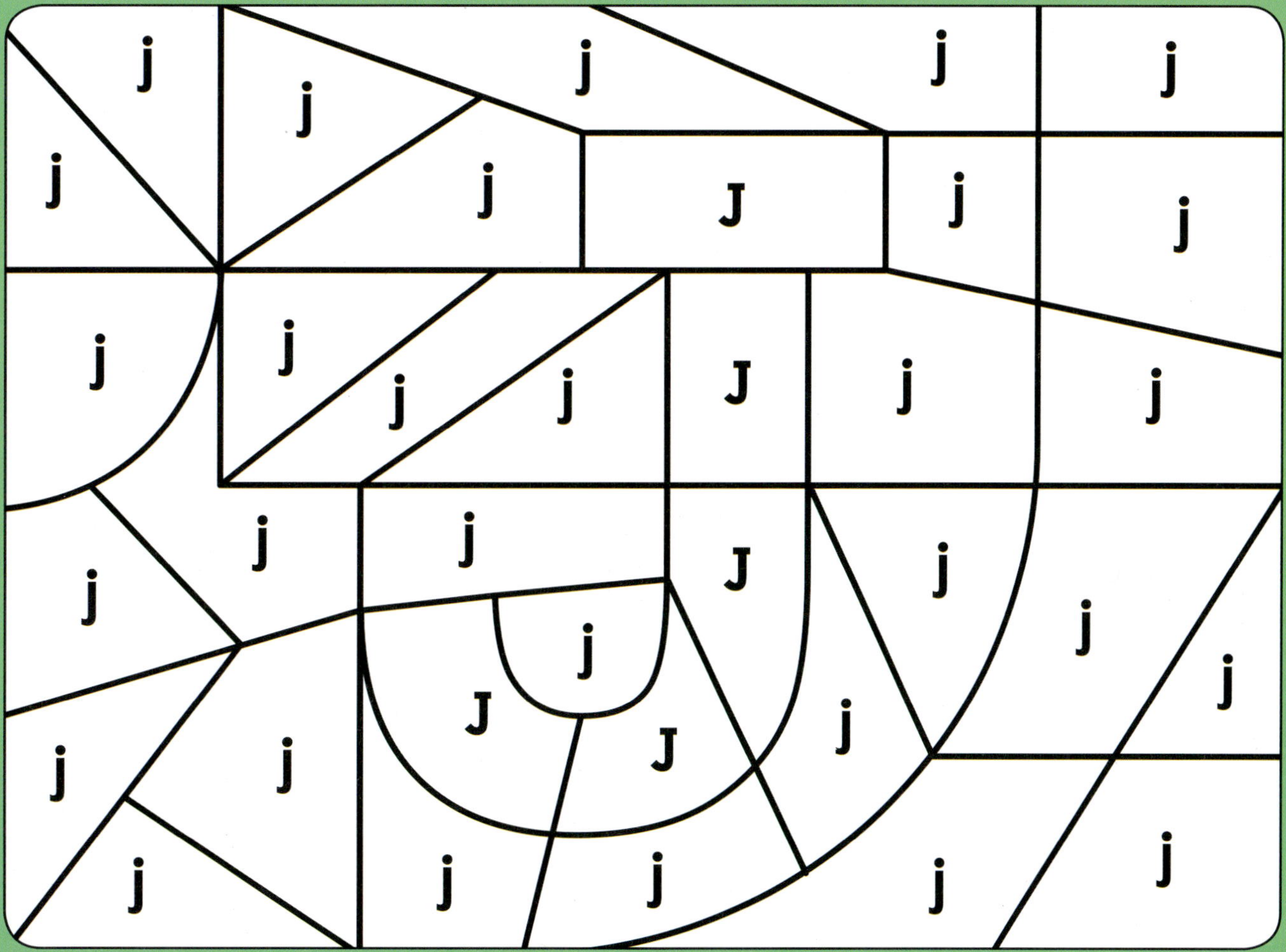

J  = ▬   j = ▬

K 대문자 '케이'라고 읽어요.

A 점선을 따라 선을 그려보세요.

B 점선을 따라 글자를 완성해보세요.

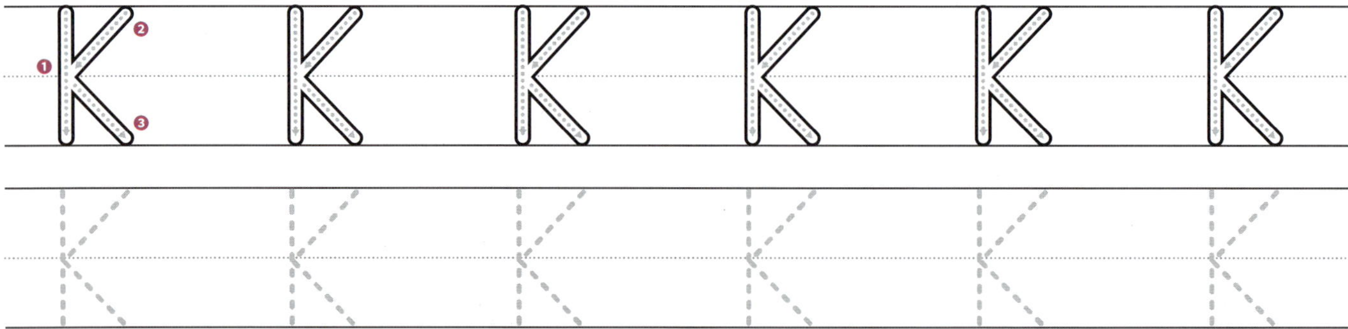

C 큰소리로 말하며 글자를 써보세요.

대문자 K를 찾아 그 갯수를 써보세요.

대문자 **K** ◯ 개

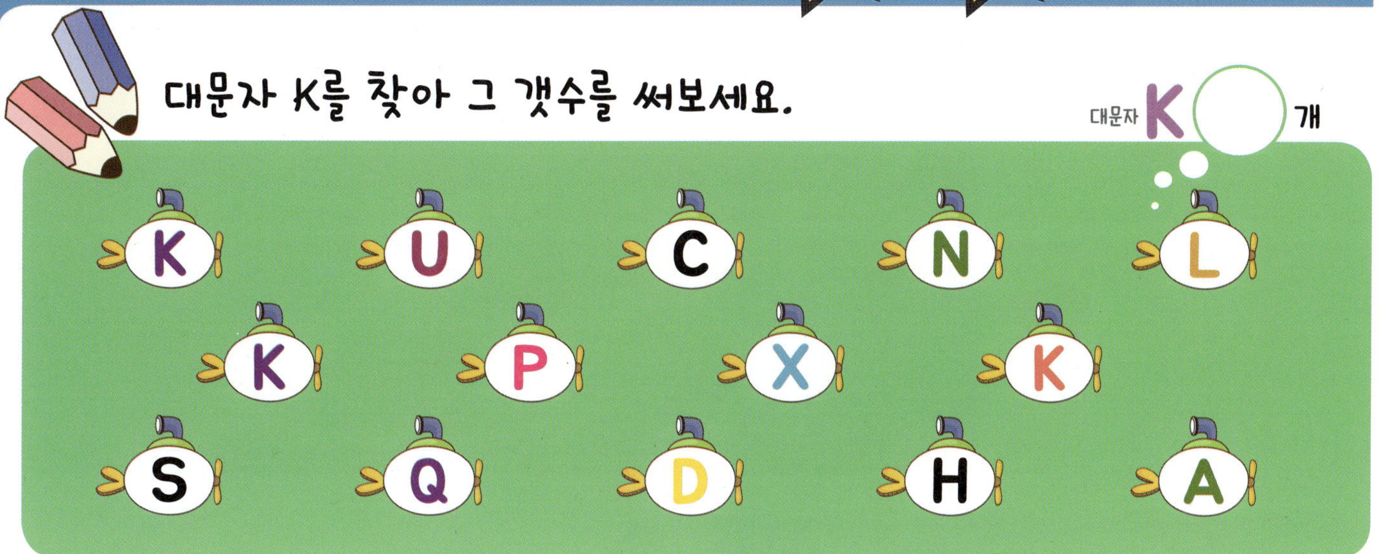

A 빈칸에 들어갈 글자를 쓰고 읽어보세요.

B 대문자 K가 들어간 단어에 동그라미 하세요.

k 소문자 '케이'라고 읽어요.

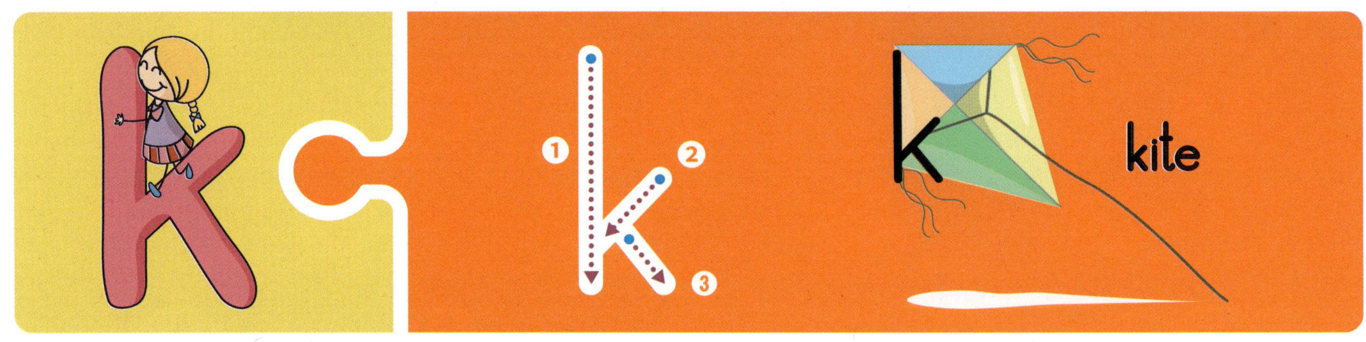

A 점선을 따라 선을 그려보세요.

B 점선을 따라 글자를 완성해보세요.

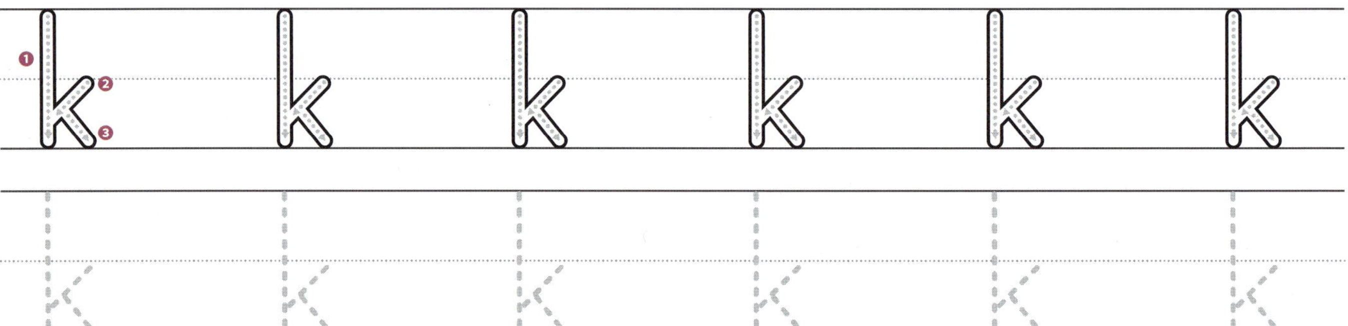

C 큰소리로 말하며 글자를 써보세요.

A 빈칸에 들어갈 글자를 쓰고 읽어보세요.

칼

___nife

연

___ite

왕

___ing

B 대문자와 소문자에 지정된 색을 칠하세요

K = ▨　k = ▨

L

대문자 '엘' 이라고 읽어요.

 점선을 따라 선을 그려보세요.

 점선을 따라 글자를 완성해보세요.

 큰소리로 말하며 글자를 써보세요.

대문자 L를 찾아 그 갯수를 써보세요.

대문자 L ◯ 개

A 빈칸에 들어갈 글자를 쓰고 읽어보세요.

B 대문자 L 가 들어간 단어에 동그라미 하세요.

| 소문자 ‘엘’ 이라고 읽어요.

A 점선을 따라 선을 그려보세요.

B 점선을 따라 글자를 완성해보세요.

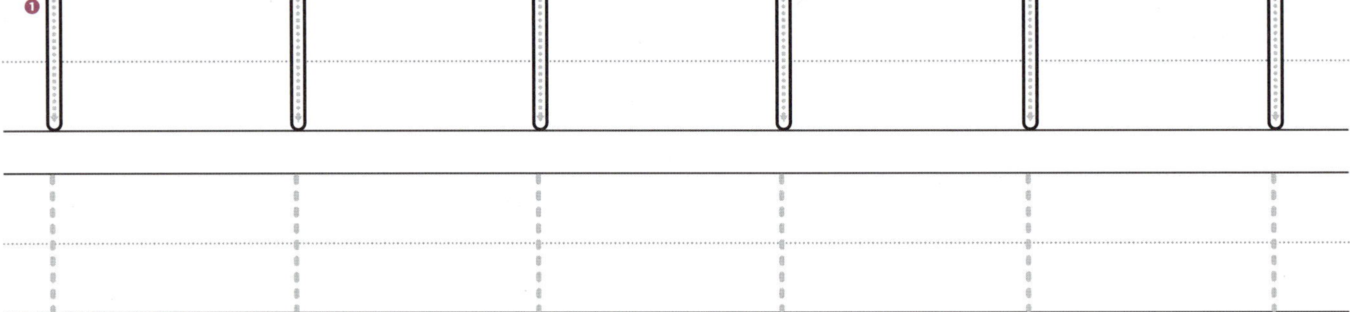

C 큰소리로 말하며 글자를 써보세요.

A 빈칸에 들어갈 글자를 쓰고 읽어보세요.

나뭇잎

[ ]eaf

무당벌레

[ ]adybug

호수

[ ]ake

B 대문자와 소문자에 지정된 색을 칠하세요

L = (검정) l = (분홍)

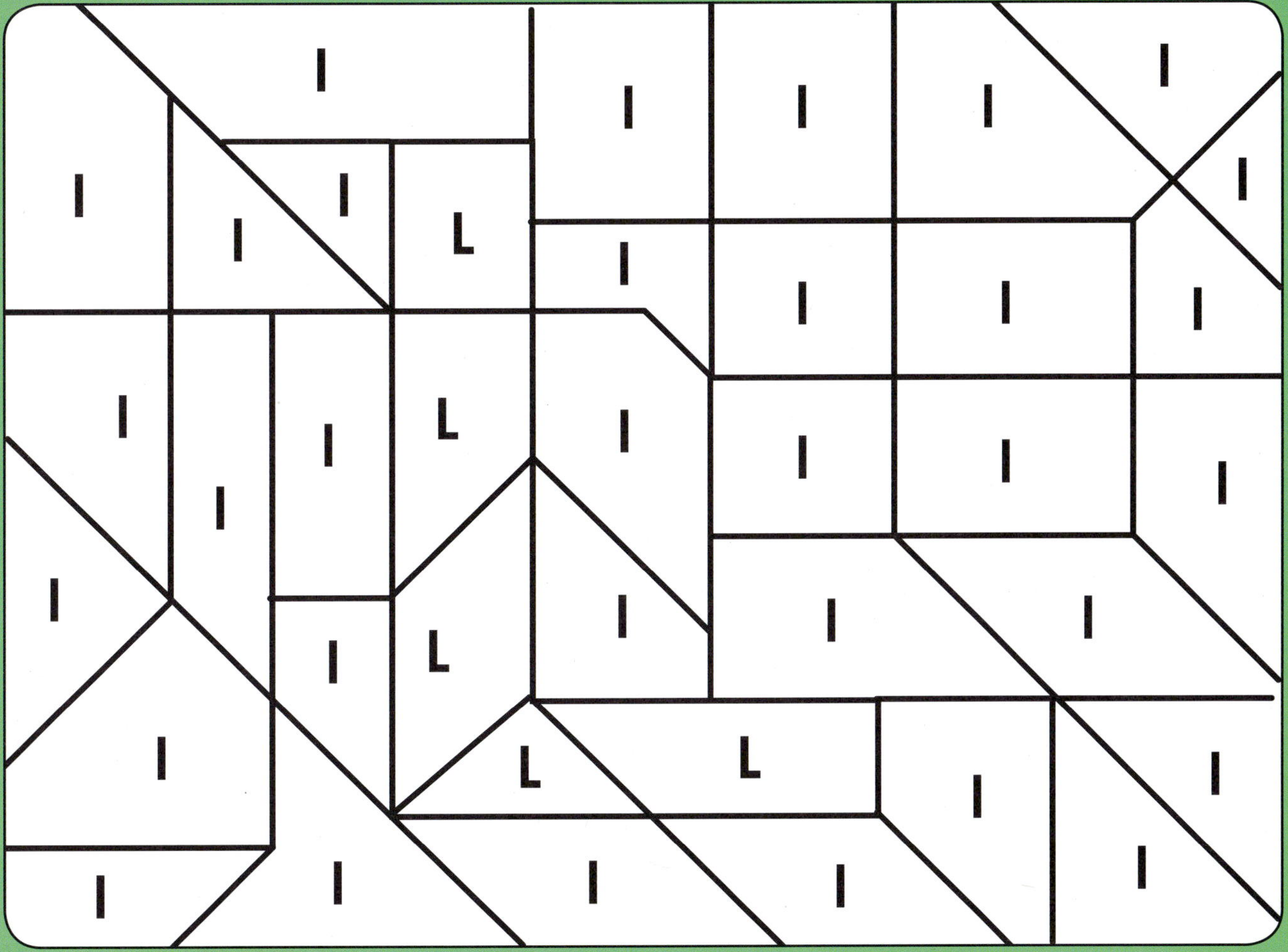

M 대문자 '엠'이라고 읽어요.

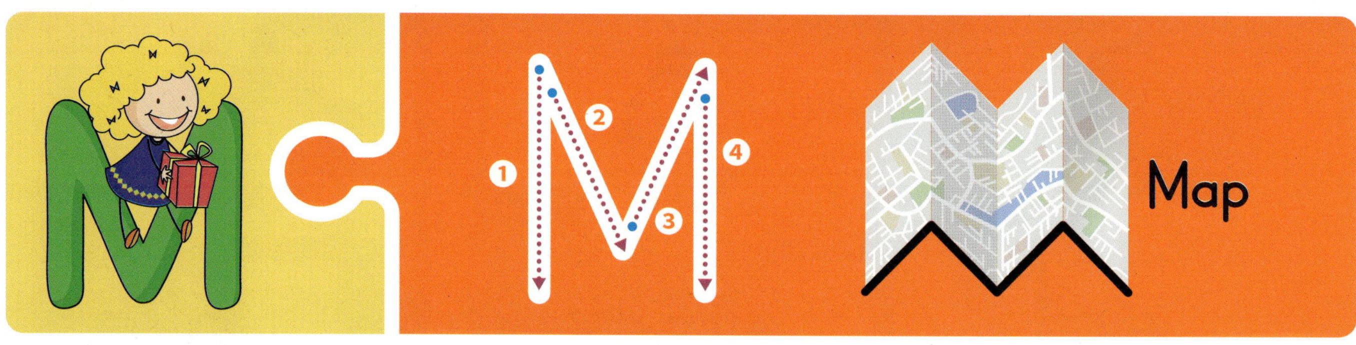

A 점선을 따라 선을 그려보세요.

B 점선을 따라 글자를 완성해보세요.

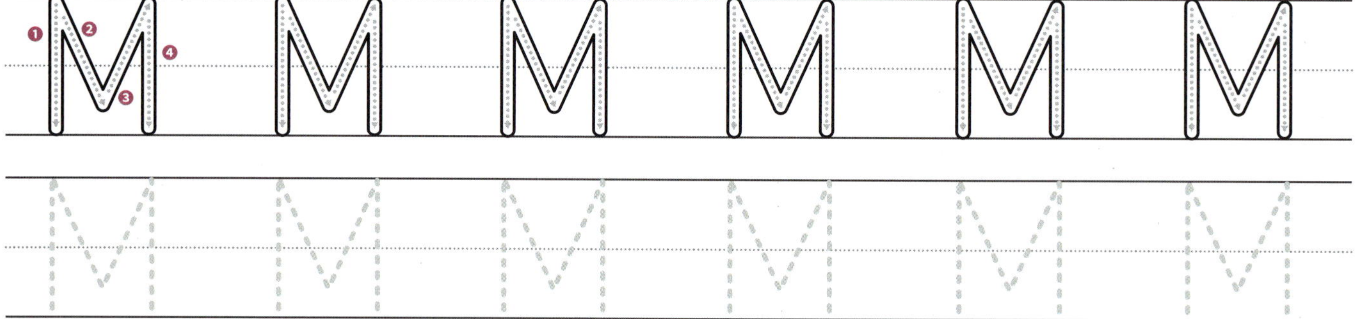

C 큰소리로 말하며 글자를 써보세요.

대문자 M를 찾아 그 갯수를 써보세요.

대문자 **M** ◯ 개

Ⓐ 빈칸에 들어갈 글자를 쓰고 읽어보세요.

Ⓑ 대문자 M가 들어간 단어에 동그라미 하세요.

독수리
Eagle

셔츠
Shirt

고기
Meat

노란색
Yellow

m

소문자 '엠' 이라고 읽어요.

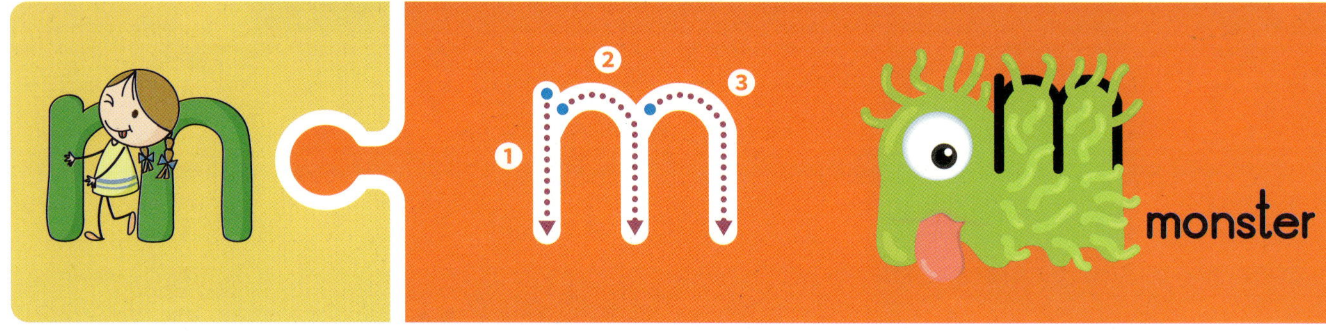

A 점선을 따라 선을 그려보세요.

B 점선을 따라 글자를 완성해보세요.

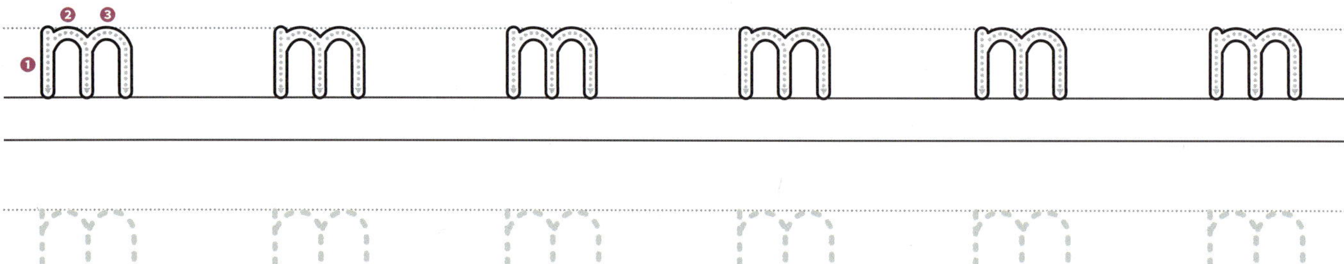

C 큰소리로 말하며 글자를 써보세요.

A 빈칸에 들어갈 글자를 쓰고 읽어보세요.

고기

eat

버섯

ushroom

쥐

ouse

B 대문자와 소문자에 지정된 색을 칠하세요

M = 　　　 m = 　　　

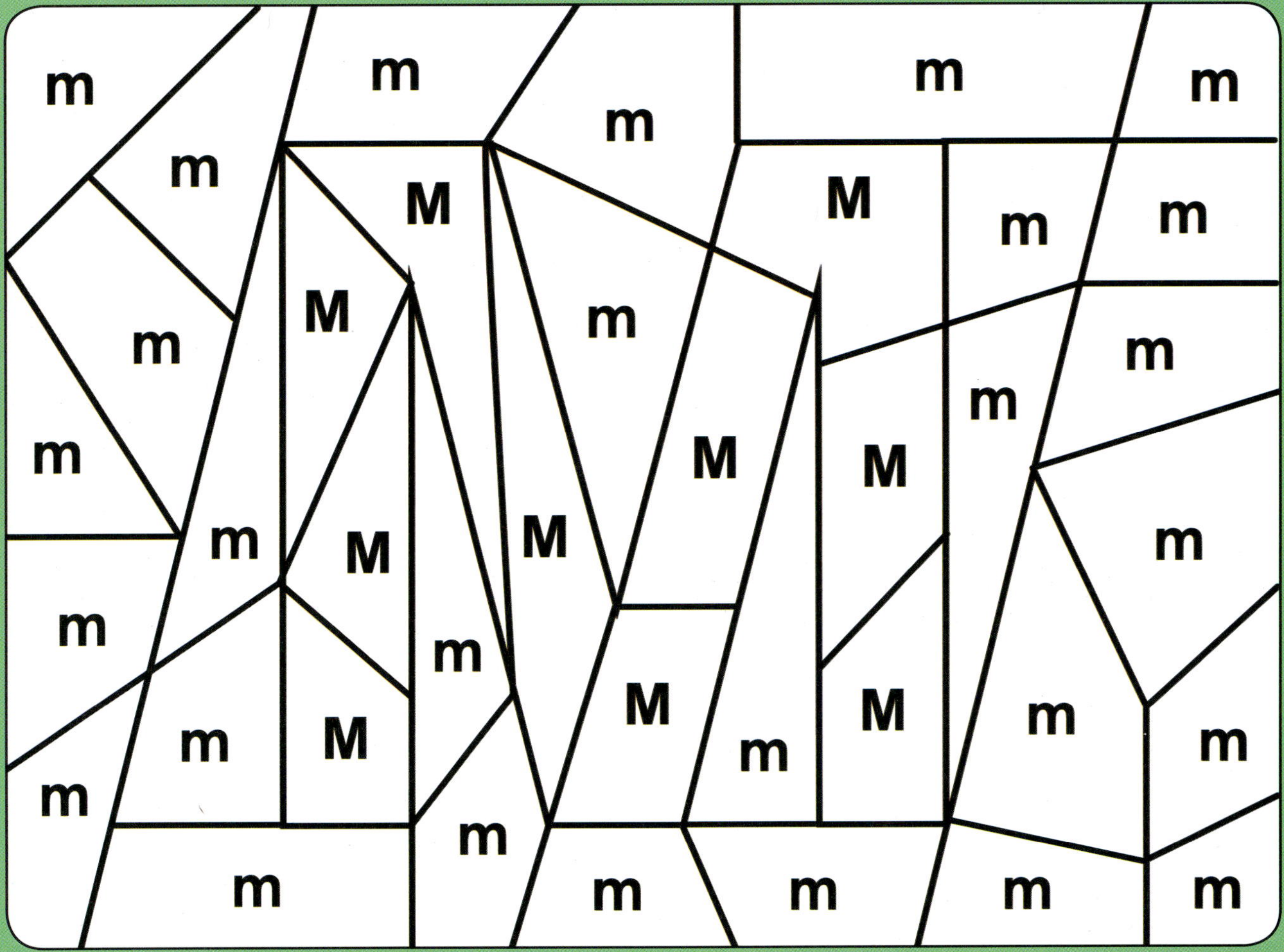

N 대문자 '엔'이라고 읽어요.

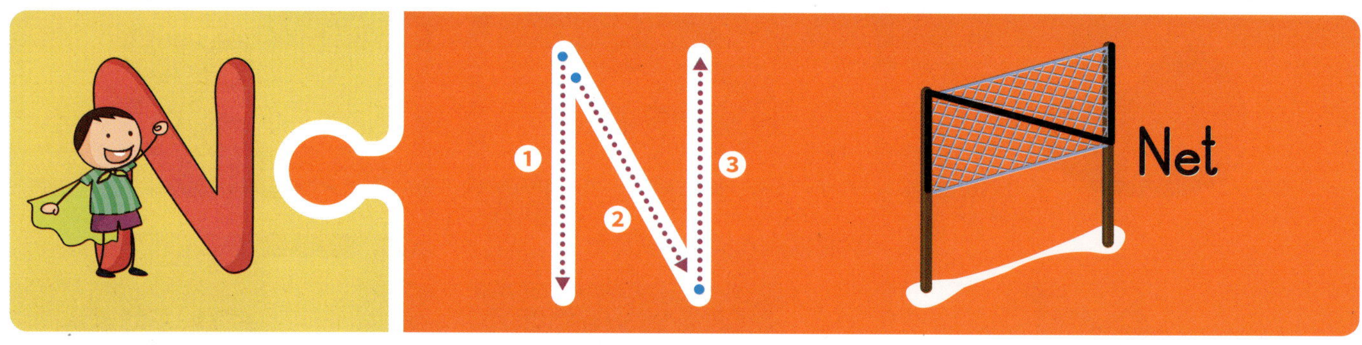

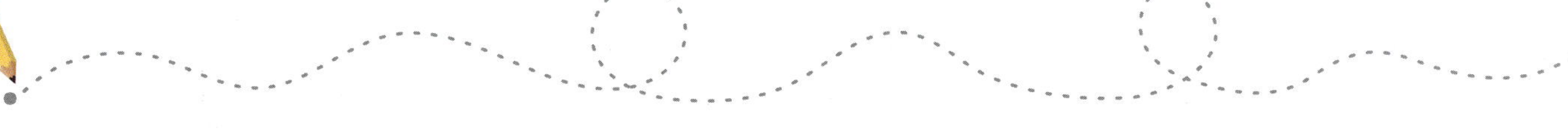

A 점선을 따라 선을 그려보세요.

B 점선을 따라 글자를 완성해보세요.

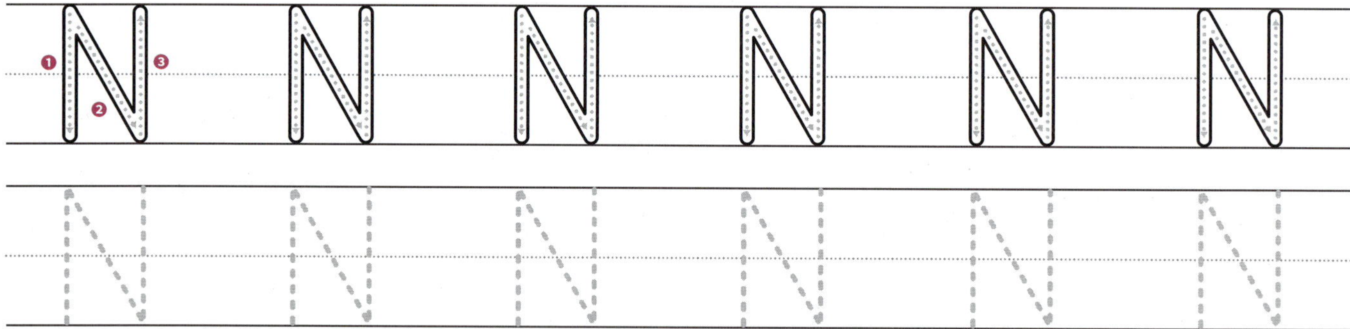

C 큰소리로 말하며 글자를 써보세요.

대문자 N를 찾아 그 갯수를 써보세요.

대문자 N ◯ 개

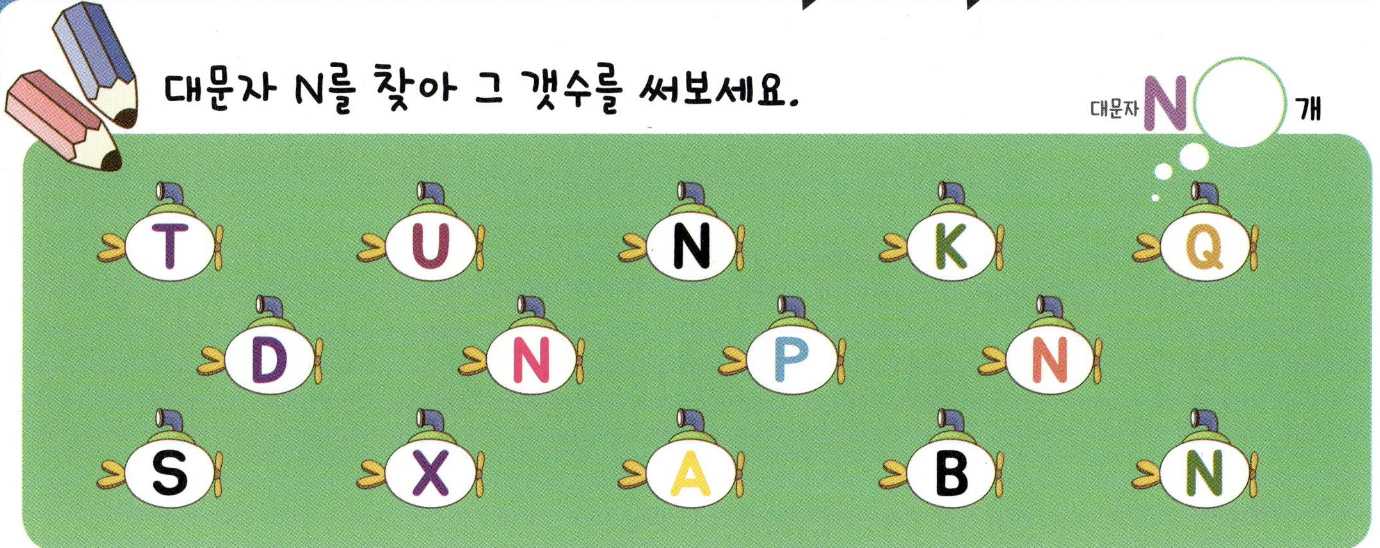

A 빈칸에 들어갈 글자를 쓰고 읽어보세요.

B 대문자 N가 들어간 단어에 동그라미 하세요.

n

소문자 '엔' 이라고 읽어요.

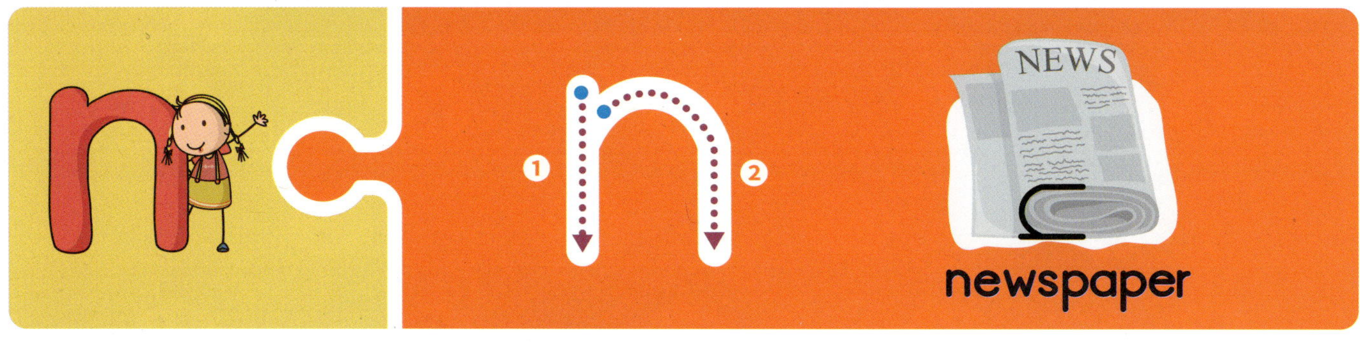

A 점선을 따라 선을 그려보세요.

B 점선을 따라 글자를 완성해보세요.

① n ②   n   n   n   n   n

n   n   n   n   n

C 큰소리로 말하며 글자를 써보세요.

n

n

A 빈칸에 들어갈 글자를 쓰고 읽어보세요.

못

ail

공책

otebook

신문

ewspaper

B 대문자와 소문자에 지정된 색을 칠하세요

N =    n =

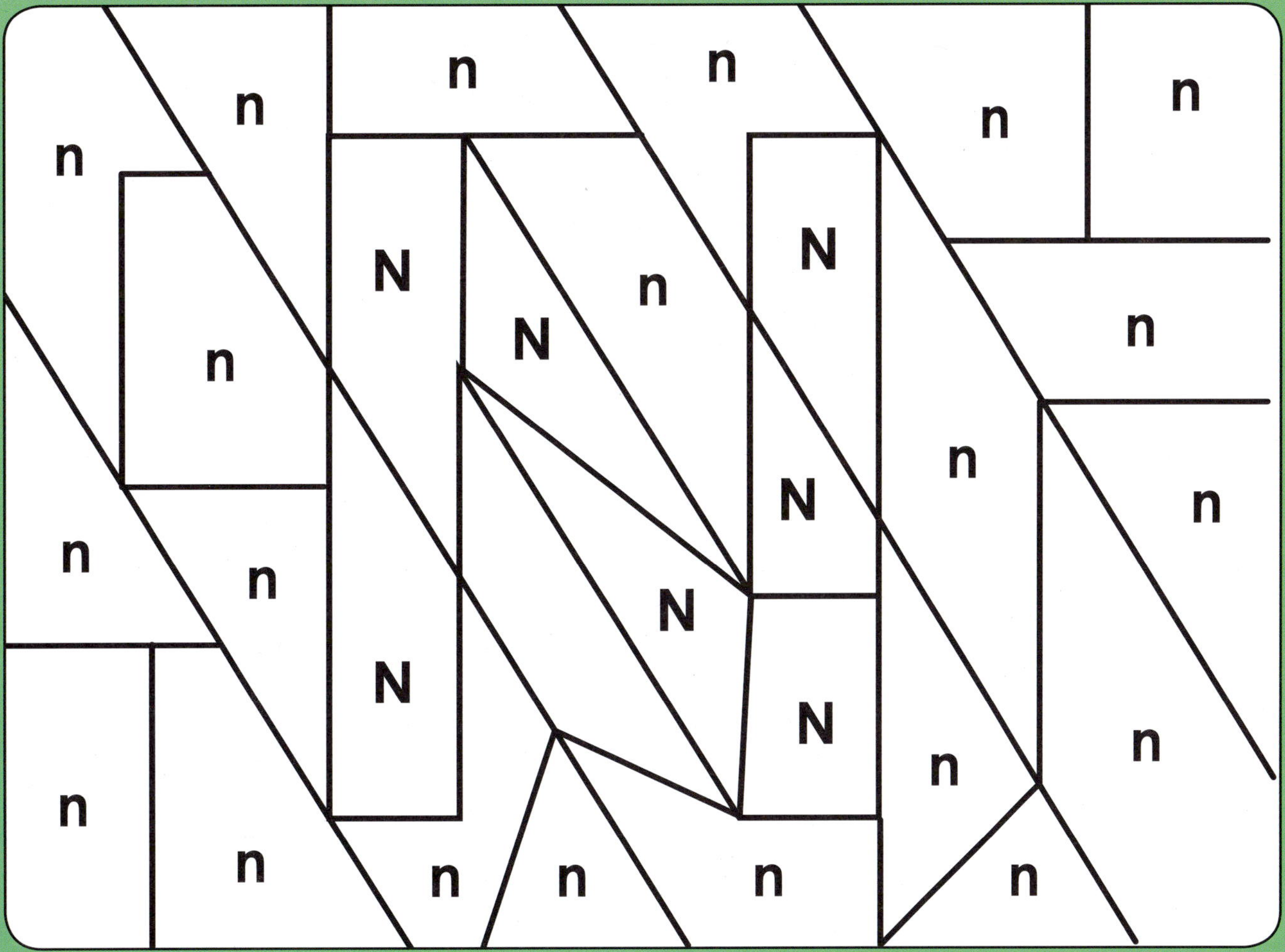

O 대문자 '오우'라고 읽어요.

A 점선을 따라 선을 그려보세요.

B 점선을 따라 글자를 완성해보세요.

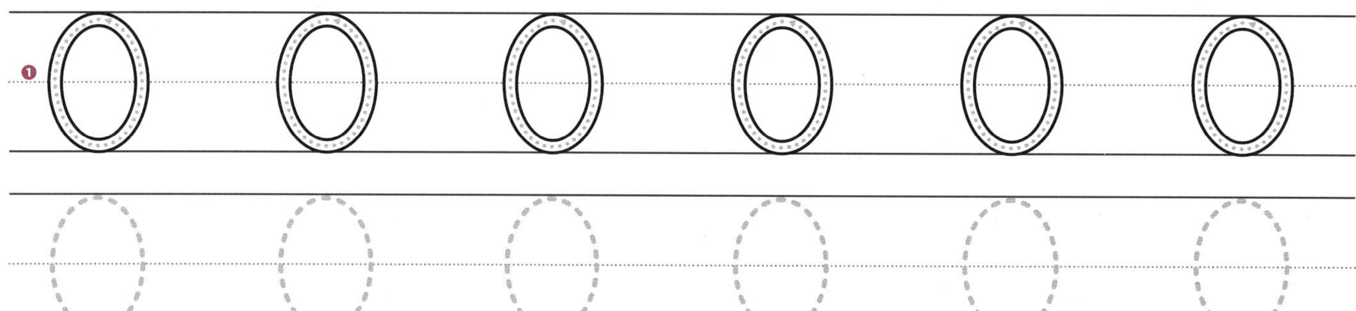

C 큰소리로 말하며 글자를 써보세요.

대문자 O를 찾아 그 갯수를 써보세요.

대문자 O ( ) 개

A 빈칸에 들어갈 글자를 쓰고 읽어보세요.

B 대문자 O가 들어간 단어에 동그라미 하세요.

O 소문자 '오우' 라고 읽어요.

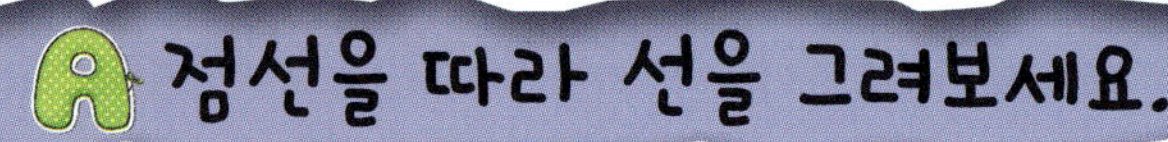

A 점선을 따라 선을 그려보세요.

B 점선을 따라 글자를 완성해보세요.

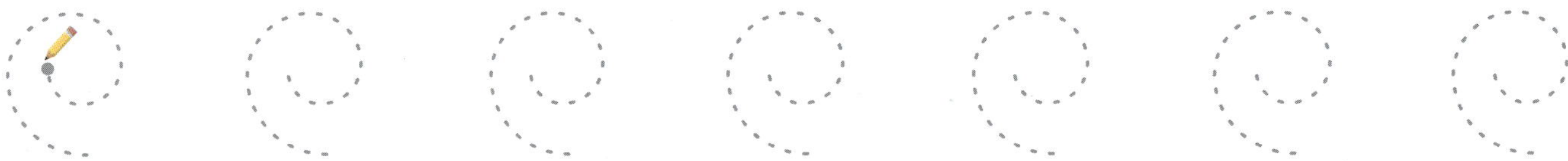

C 큰소리로 말하며 글자를 써보세요.

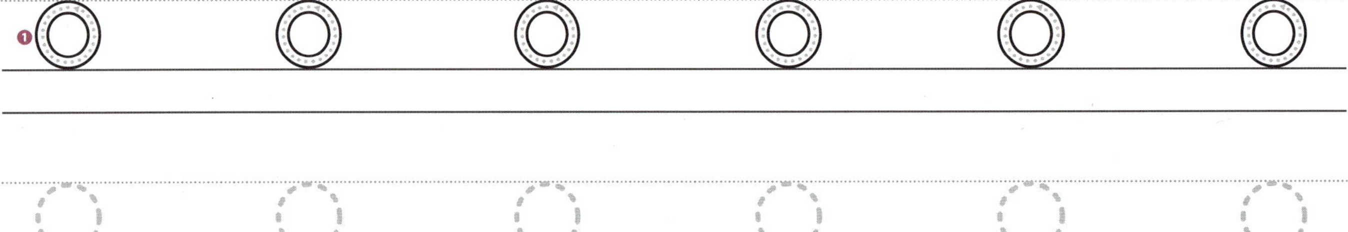

A 빈칸에 들어갈 글자를 쓰고 읽어보세요.

타조

___ strich

난초

___ rchid

수달

___ tter

B 대문자와 소문자에 지정된 색을 칠하세요

O = ▰ o = ▰

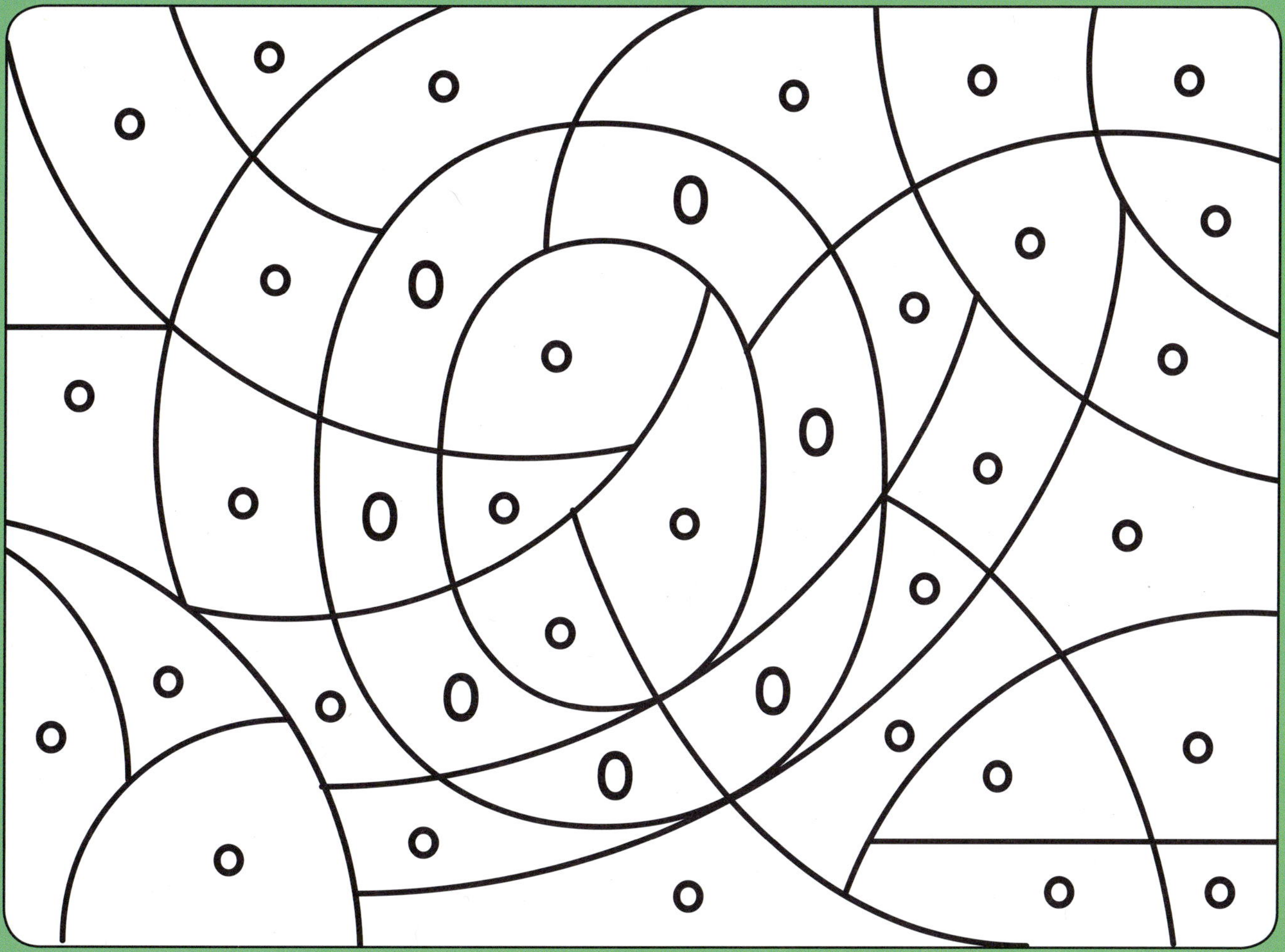

P

대문자 ‘피-’라고 읽어요.

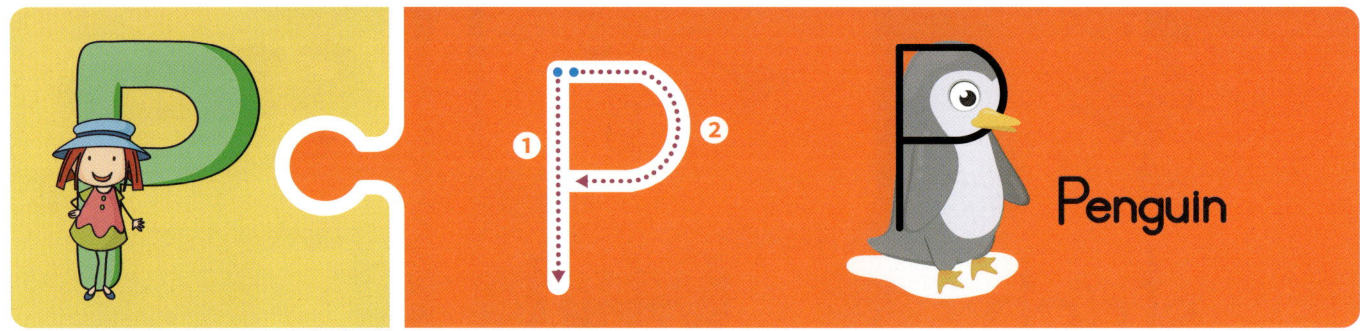

A 점선을 따라 선을 그려보세요.

B 점선을 따라 글자를 완성해보세요.

P P P P P P P P

C 큰소리로 말하며 글자를 써보세요.

✏️ 대문자 P를 찾아 그 갯수를 써보세요.

대문자 P ◯ 개

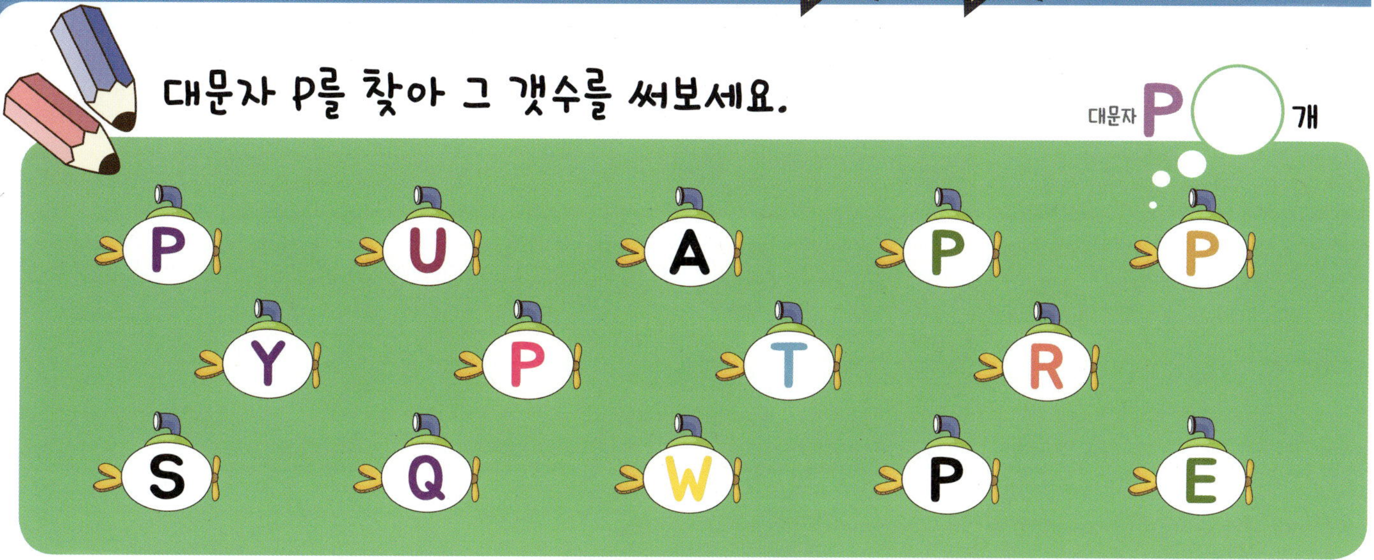

A 빈칸에 들어갈 글자를 쓰고 읽어보세요.

B 대문자 P가 들어간 단어에 동그라미 하세요.

둥지
Nest

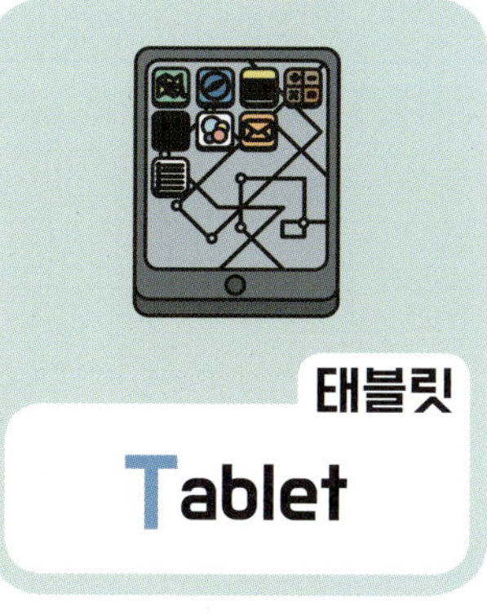
태블릿
Tablet

팽권
Penguin

독수리
Eagle

p 소문자 '**피-**'라고 읽어요.

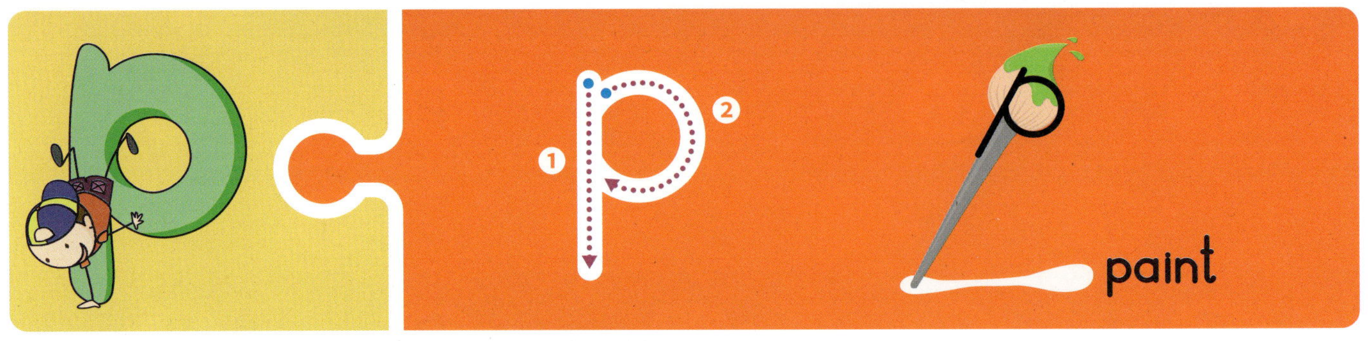

A 점선을 따라 선을 그려보세요.

B 점선을 따라 글자를 완성해보세요.

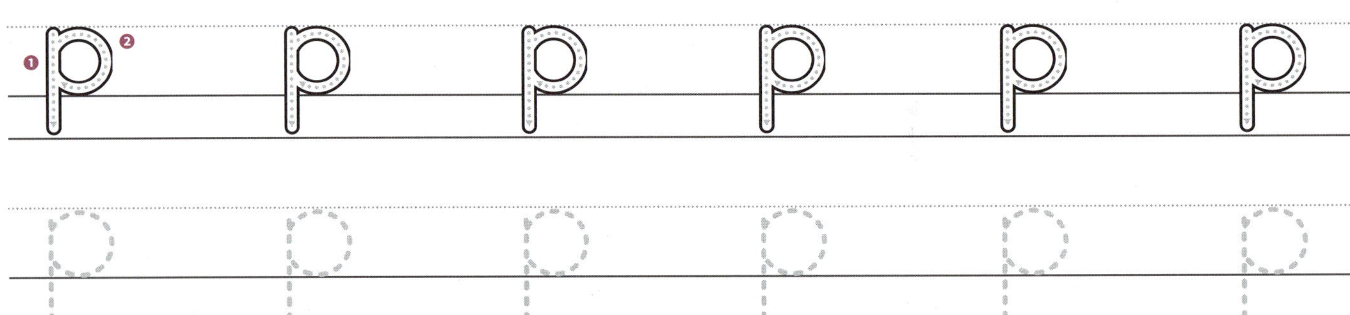

C 큰소리로 말하며 글자를 써보세요.

A 빈칸에 들어갈 글자를 쓰고 읽어보세요.

팽귄

enguin

공작

eacock

페인트

aint

B 대문자와 소문자에 지정된 색을 칠하세요

P = ▬   p = ▬

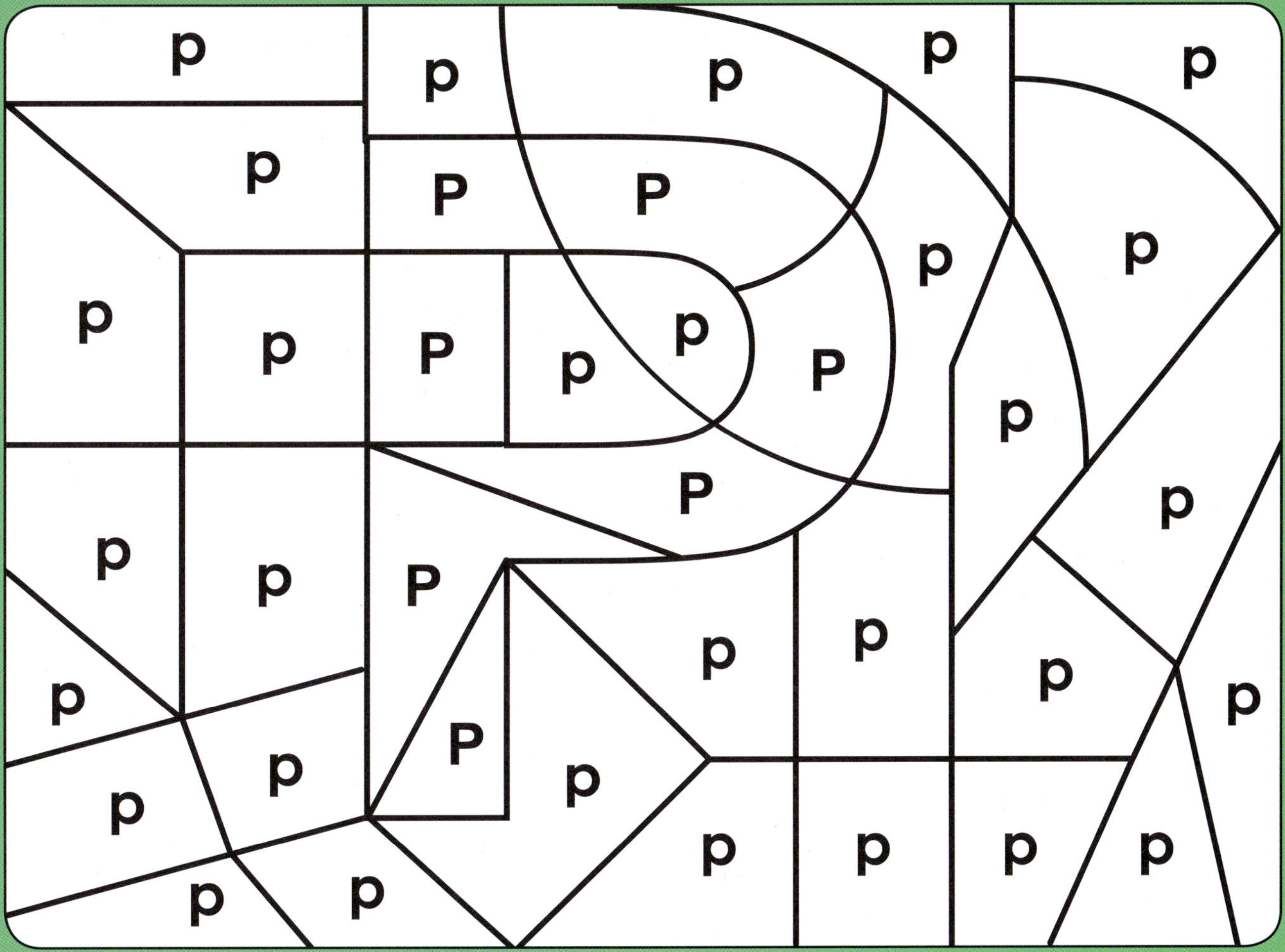

Q 대문자 '큐-'라고 읽어요.

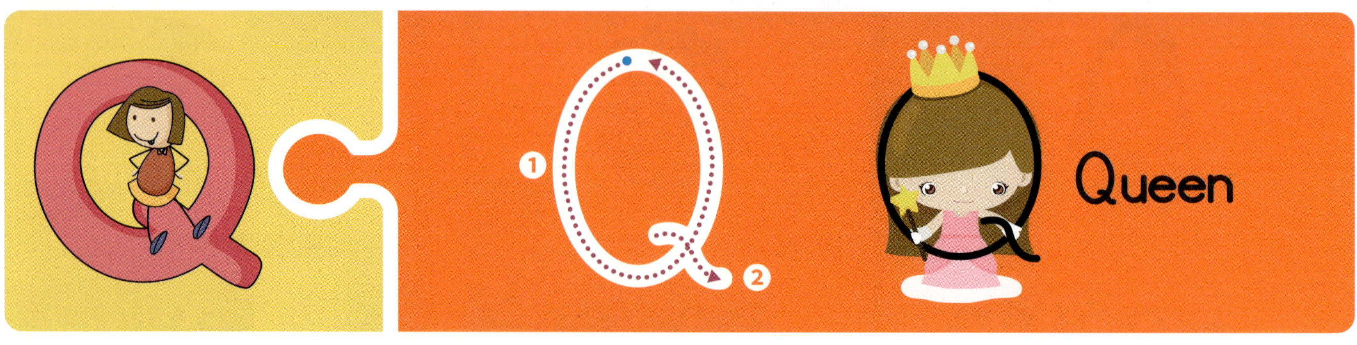

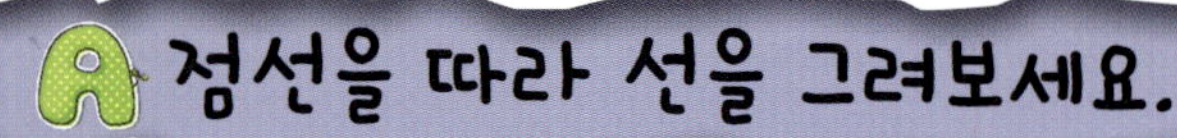

A 점선을 따라 선을 그려보세요.

B 점선을 따라 글자를 완성해보세요.

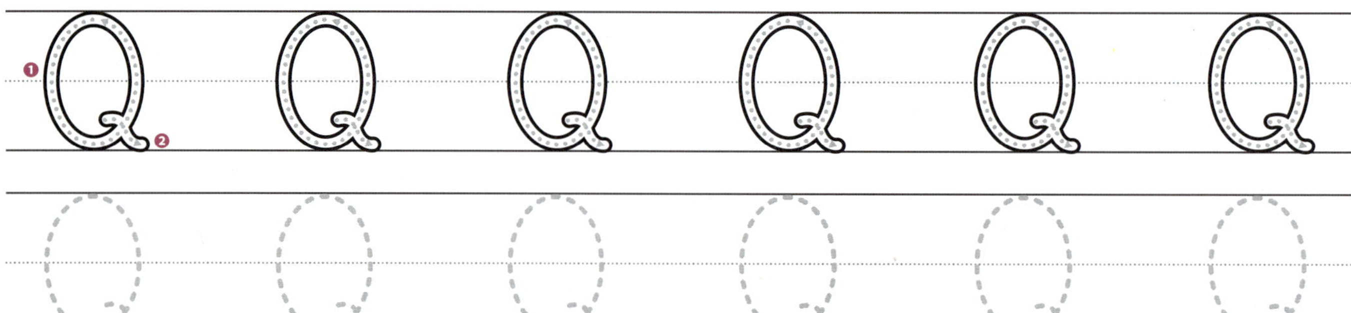

C 큰소리로 말하며 글자를 써보세요.

대문자 Q를 찾아 그 갯수를 써보세요.

대문자 Q ( ) 개

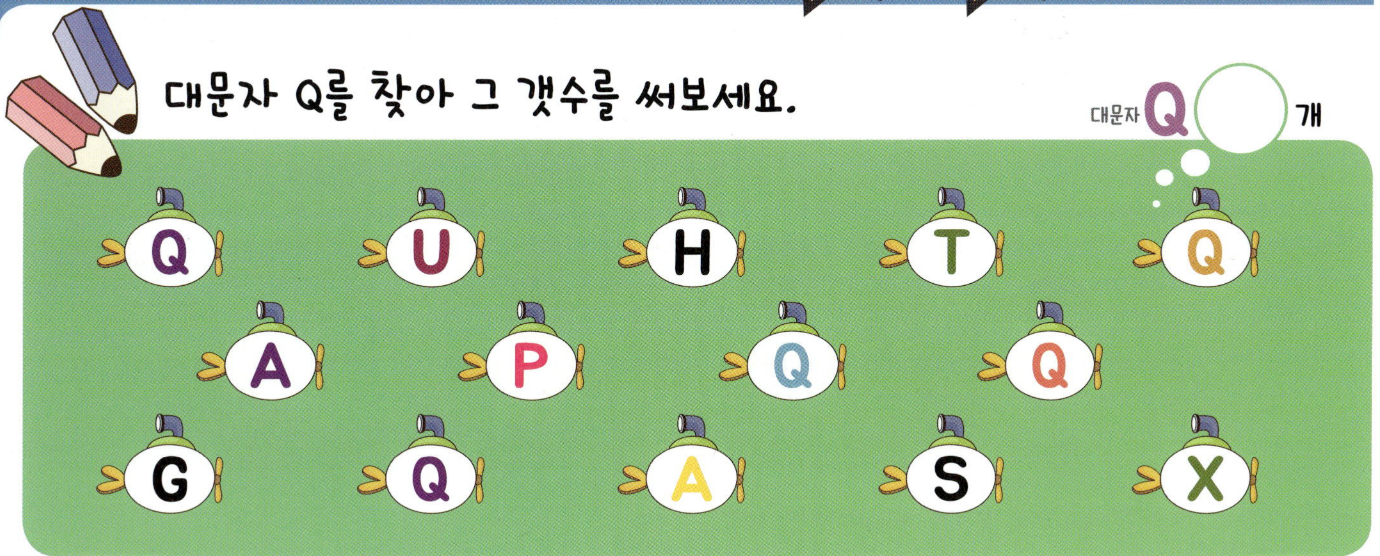

A 빈칸에 들어갈 글자를 쓰고 읽어보세요.

B 대문자 Q가 들어간 단어에 동그라미 하세요.

q 소문자 '큐-'라고 읽어요.

A 점선을 따라 선을 그려보세요.

B 점선을 따라 글자를 완성해보세요.

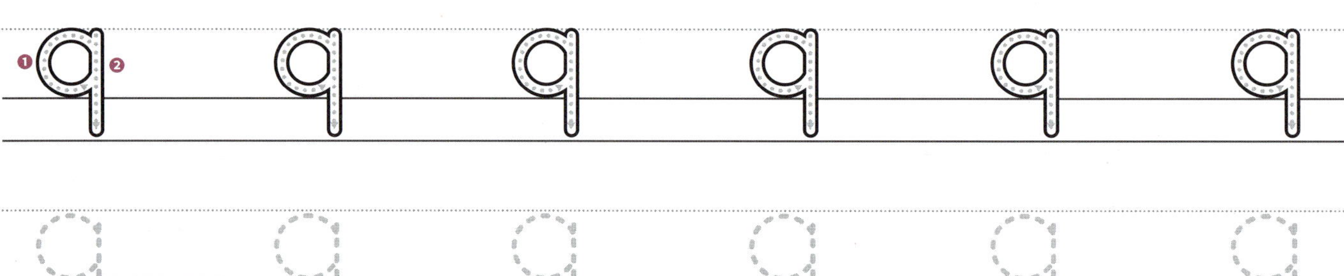

C 큰소리로 말하며 글자를 써보세요.

A 빈칸에 들어갈 글자를 쓰고 읽어보세요.

퀼트

uilt

(새 날개·꼬리의 커다란) 깃

uill

퀴즈

uiz

B 대문자와 소문자에 지정된 색을 칠하세요

Q = ▬　q = ▬

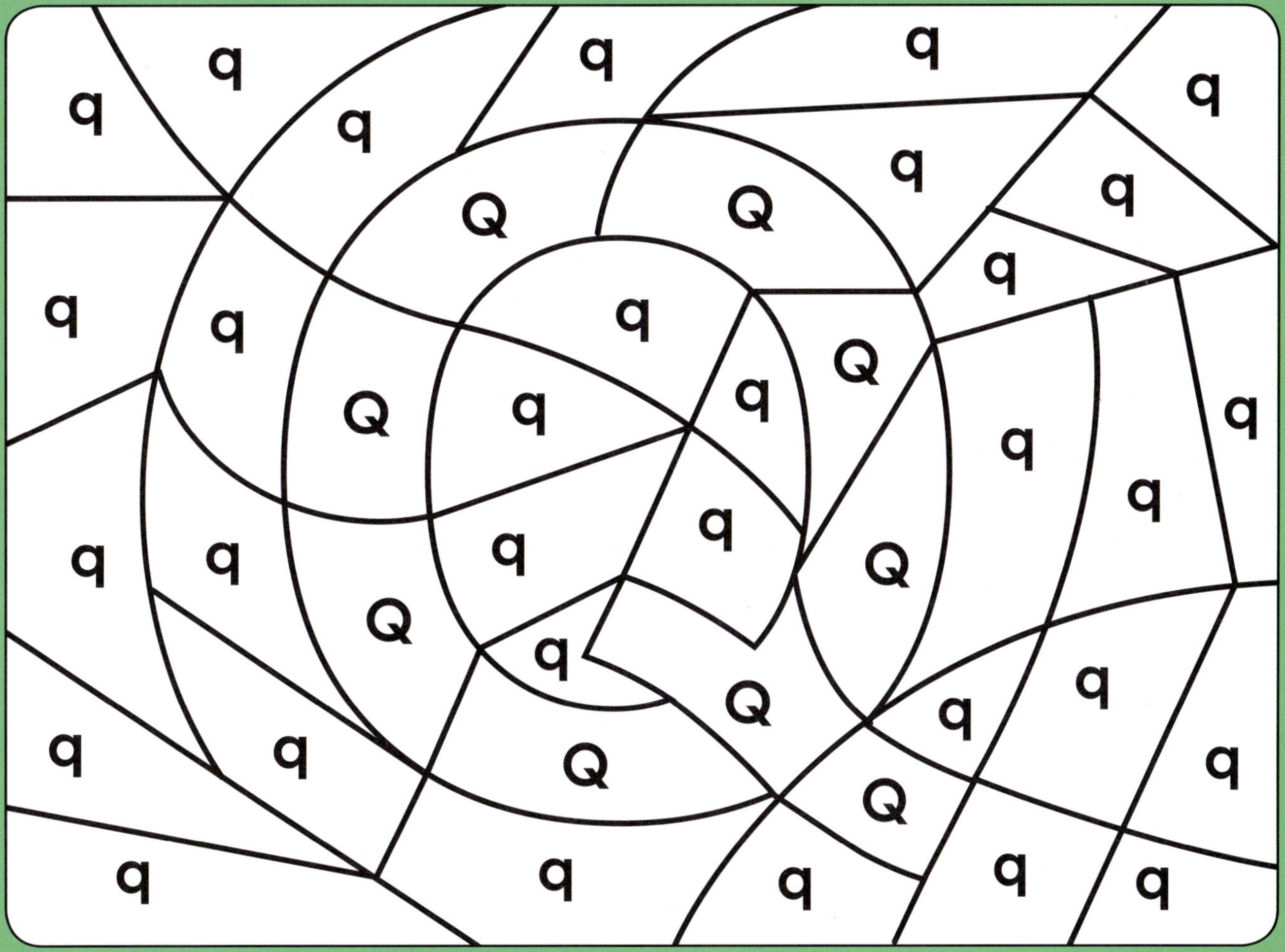

q q q q q
q Q Q q q
q q q q
Q q q Q q
q q q Q q q
q q q Q q q
Q q q Q q q
q q Q q q q
q q Q q q q
q q q q q q q

R

대문자 '아-르'이라고 읽어요.

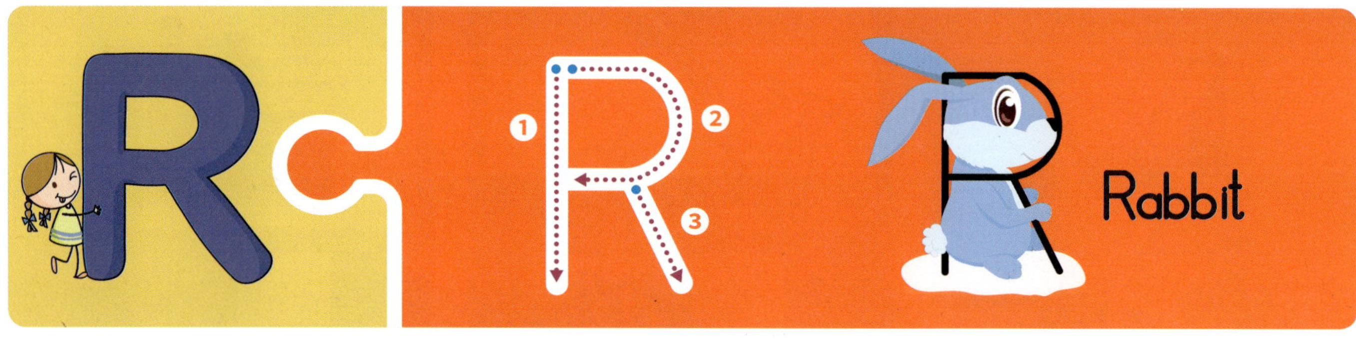

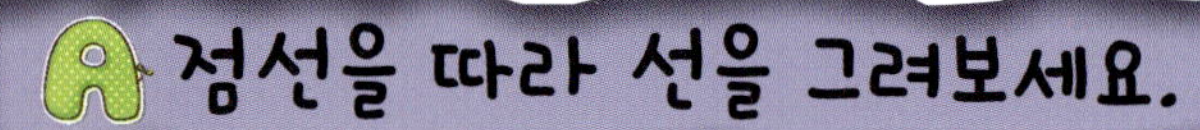

A 점선을 따라 선을 그려보세요.

B 점선을 따라 글자를 완성해보세요.

R R R R R

C 큰소리로 말하며 글자를 써보세요.

대문자 R를 찾아 그 갯수를 써보세요.

대문자 **R** ◯ 개

A 빈칸에 들어갈 글자를 쓰고 읽어보세요.

B 대문자 R가 들어간 단어에 동그라미 하세요.

r 소문자 '아-르'이라고 읽어요.

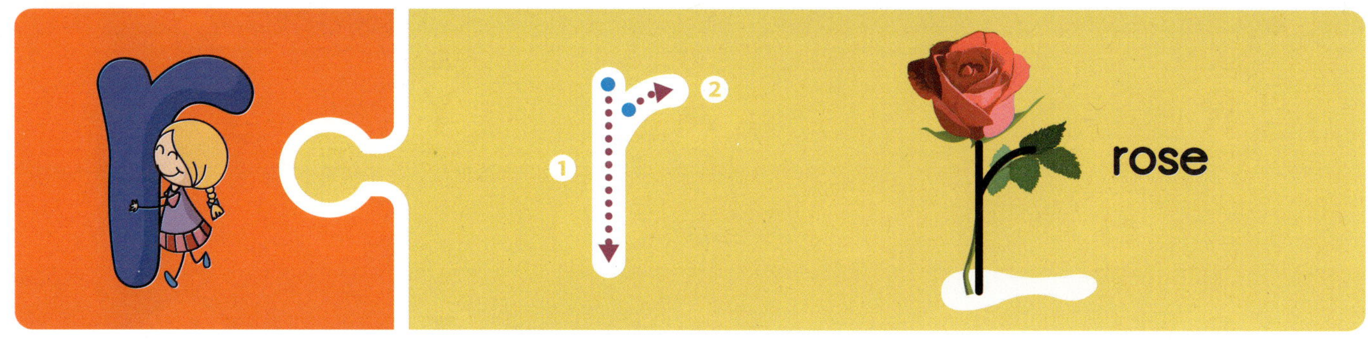

A 점선을 따라 선을 그려보세요.

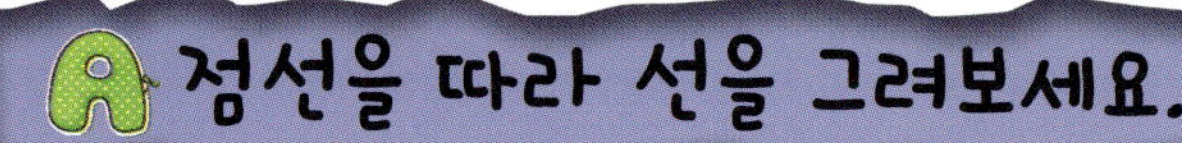

B 점선을 따라 글자를 완성해보세요.

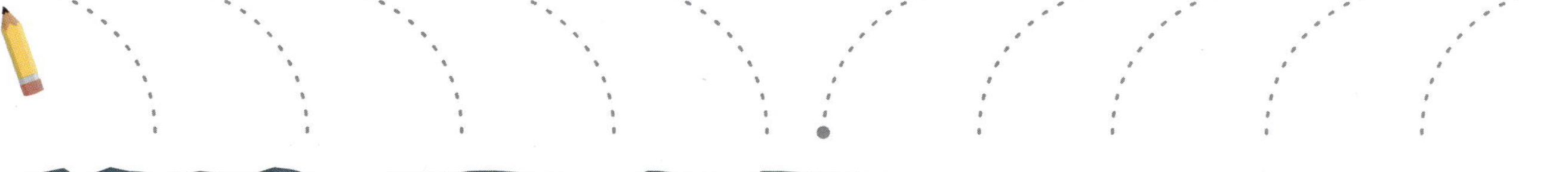

C 큰소리로 말하며 글자를 써보세요.

A 빈칸에 들어갈 글자를 쓰고 읽어보세요.

반지

___ ing

흔들 목마

___ ocking horse

코뿔소

___ hino

B 대문자와 소문자에 지정된 색을 칠하세요

R = ▨　r = ▨

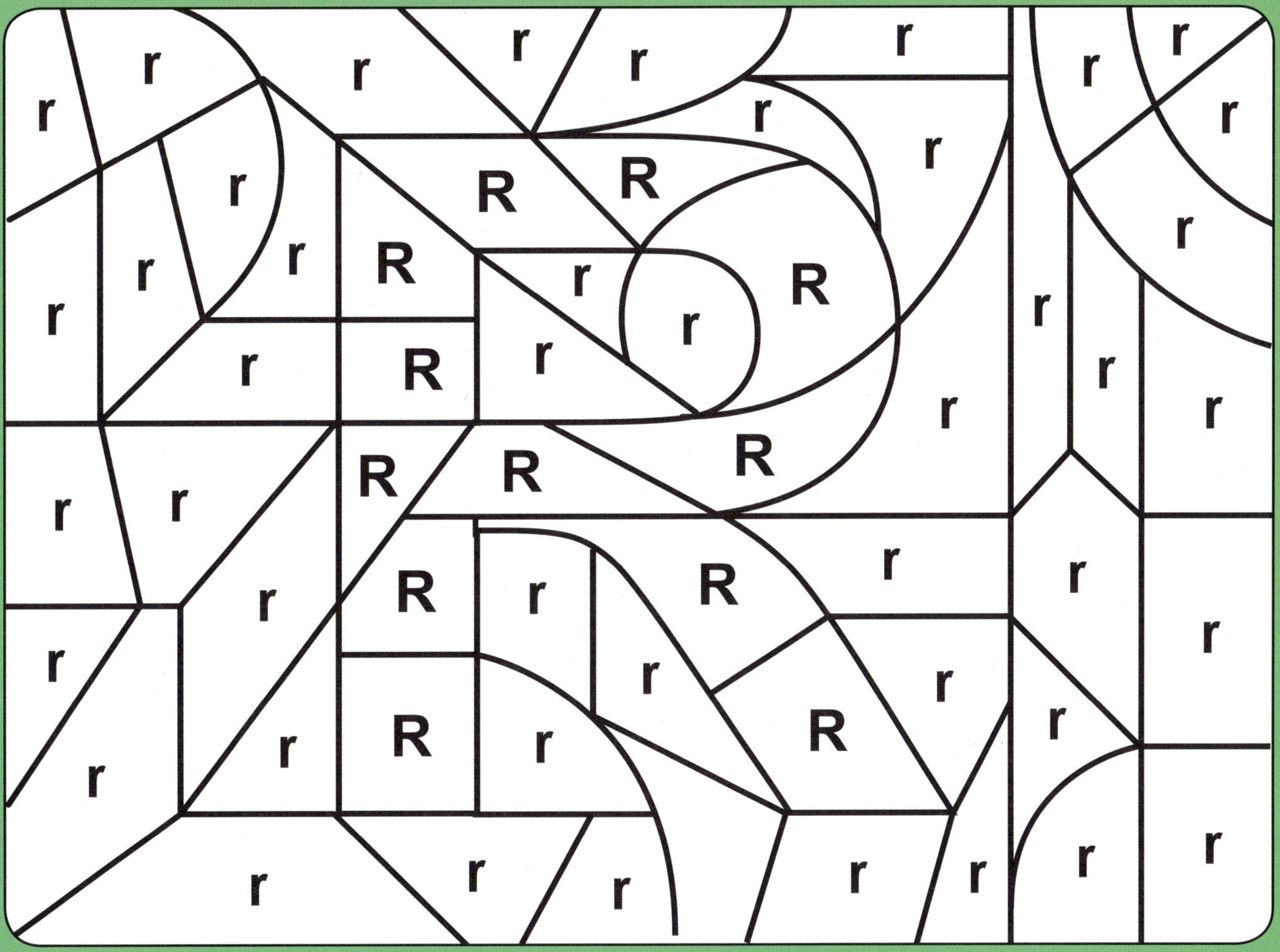

S

대문자 '에스' 라고 읽어요.

A 점선을 따라 선을 그려보세요.

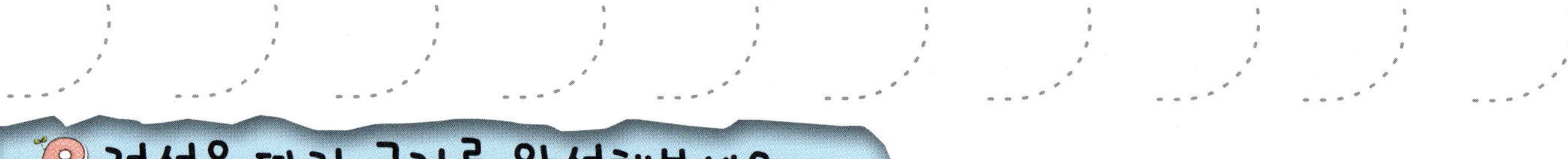

B 점선을 따라 글자를 완성해보세요.

S S S S S S

C 큰소리로 말하며 글자를 써보세요.

대문자 S를 찾아 그 갯수를 써보세요.

대문자 **S** ◯ 개

A 빈칸에 들어갈 글자를 쓰고 읽어보세요.

B 대문자 S가 들어간 단어에 동그라미 하세요.

거북이
Turtle

달팽이
Snail

지퍼
Zipper

깃펜
Quill

S 소문자 '에스'라고 읽어요.

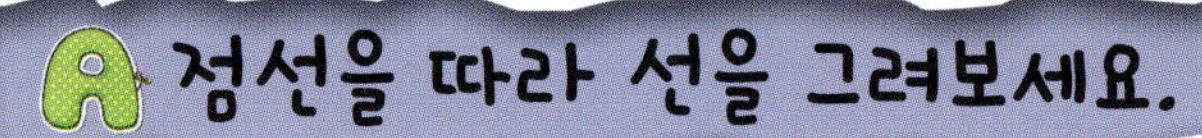

A 점선을 따라 선을 그려보세요.

B 점선을 따라 글자를 완성해보세요.

S　　S　　S　　S　　S

C 큰소리로 말하며 글자를 써보세요.

학습날짜 월 일 참 잘했어요!

A 빈칸에 들어갈 글자를 쓰고 읽어보세요.

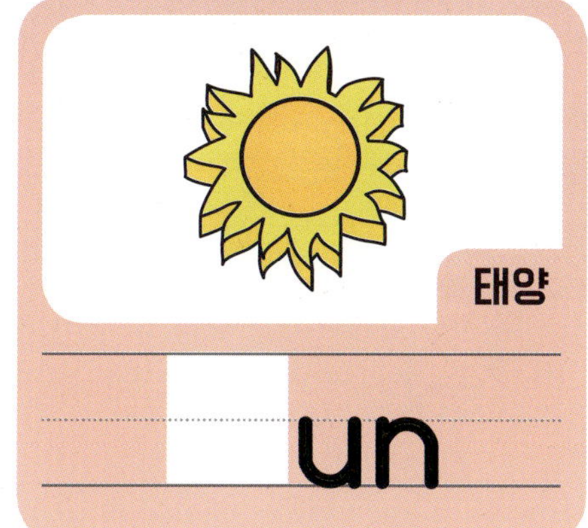

태양

_un

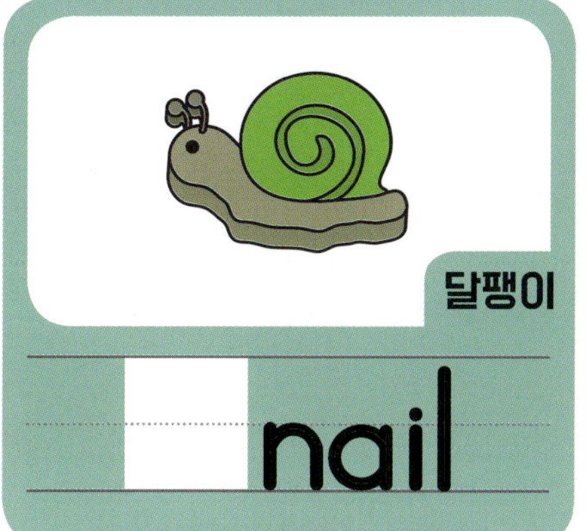

달팽이

_nail

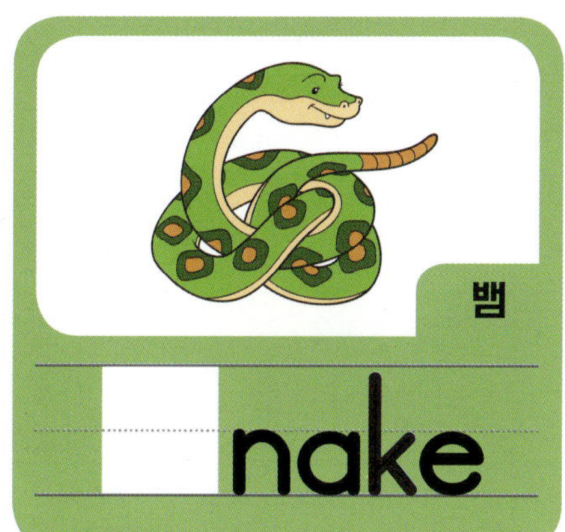

뱀

_nake

B 대문자와 소문자에 지정된 색을 칠하세요

S = s =

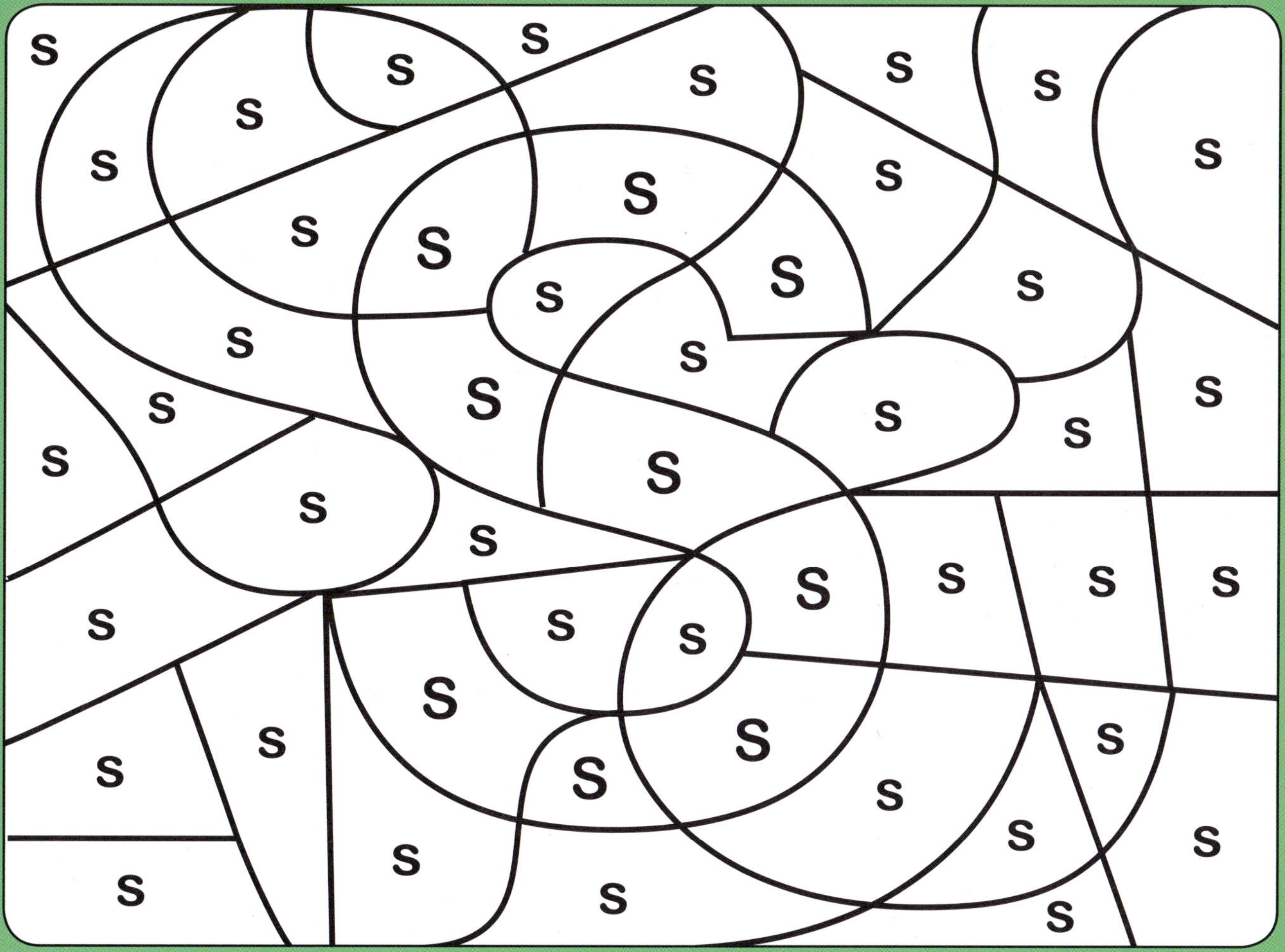

T 대문자 '티-'라고 읽어요.

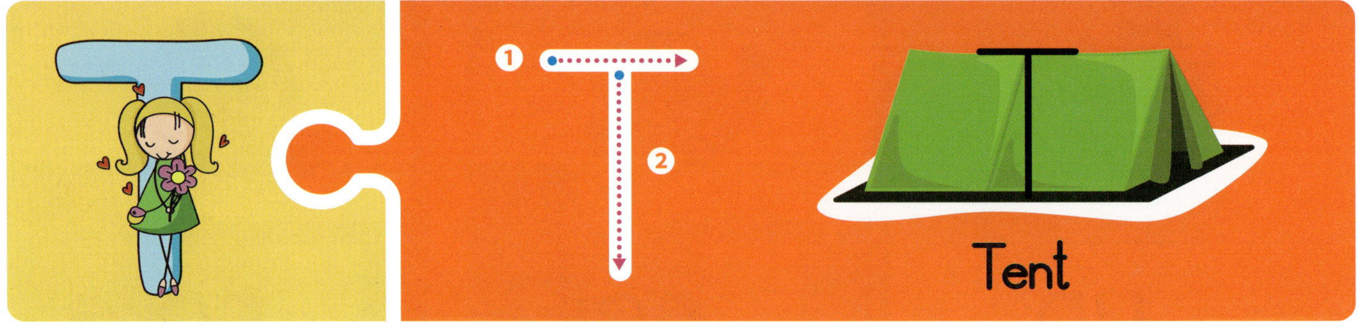

A 점선을 따라 선을 그려보세요.

B 점선을 따라 글자를 완성해보세요.

C 큰소리로 말하며 글자를 써보세요.

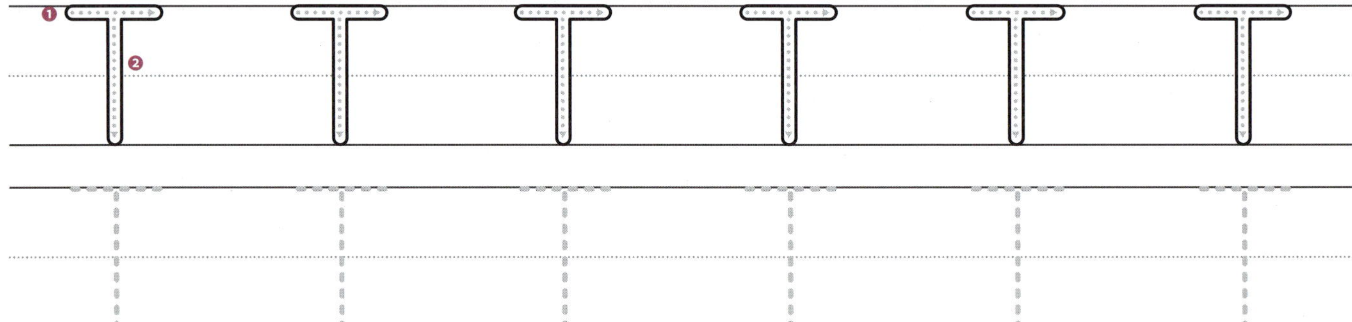

대문자 T를 찾아 그 갯수를 써보세요.   대문자 T ◯ 개

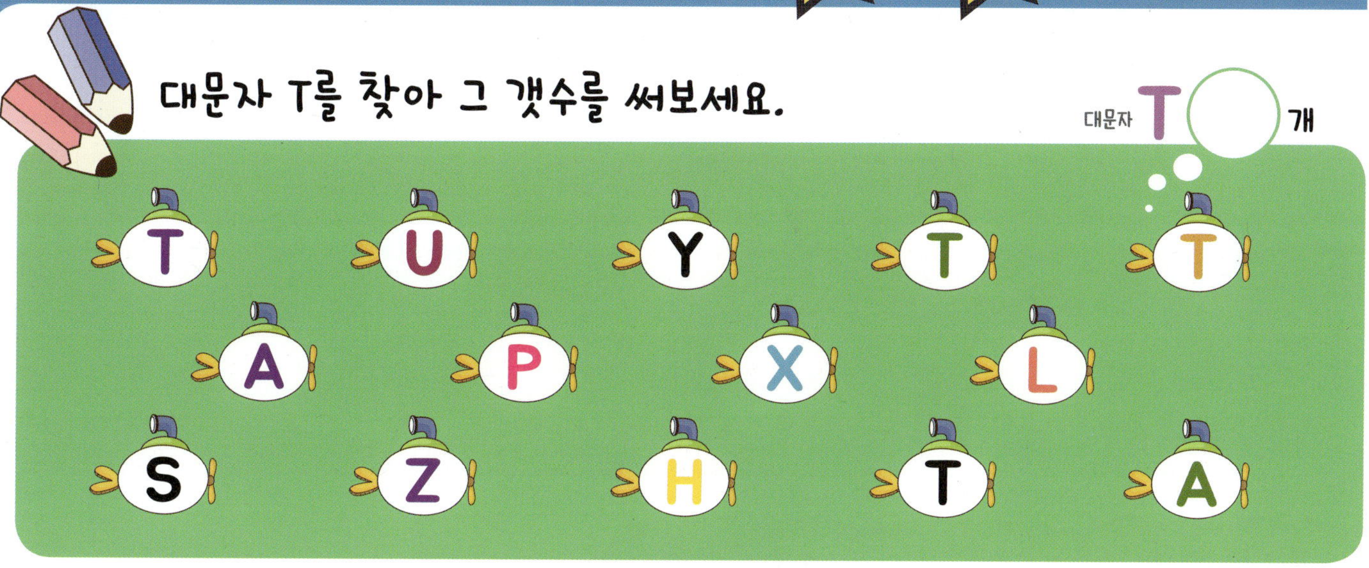

A 빈칸에 들어갈 글자를 쓰고 읽어보세요.

호랑이
__iger

태블릿
__ablet

거북
__urtle

B 대문자 T가 들어간 단어에 동그라미 하세요.

테니스
Tennis

지구
Earth

(사탕같이 생긴) 껌
Gumball

돌고래
Dolphin

t 소문자 '티-'라고 읽어요.

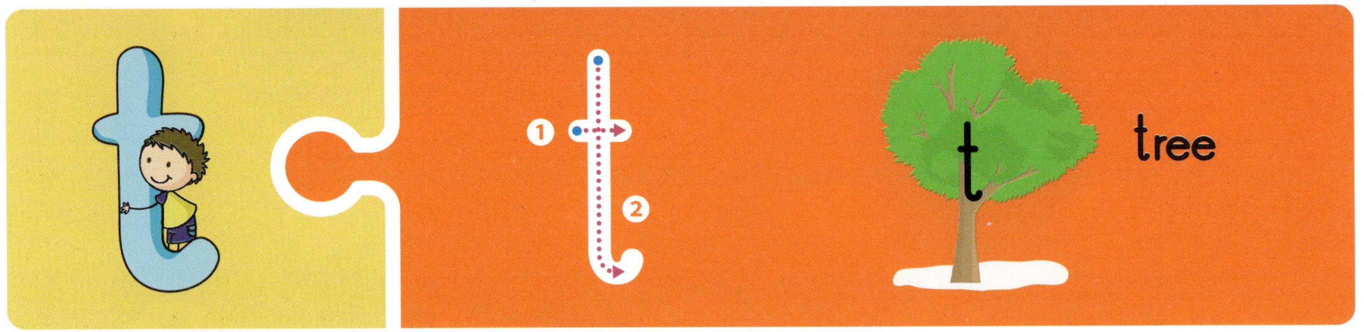

A 점선을 따라 선을 그려보세요.

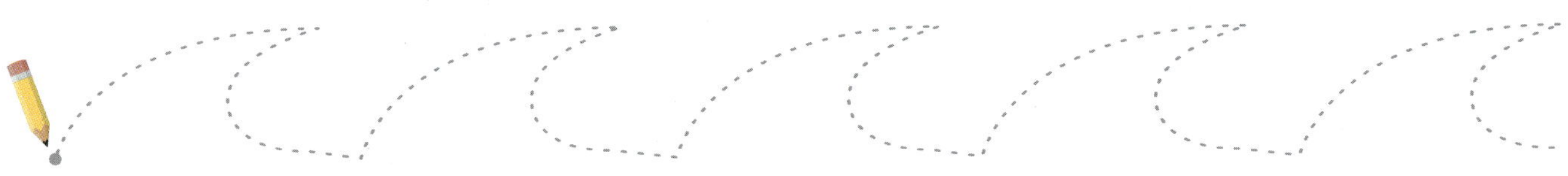

B 점선을 따라 글자를 완성해보세요.

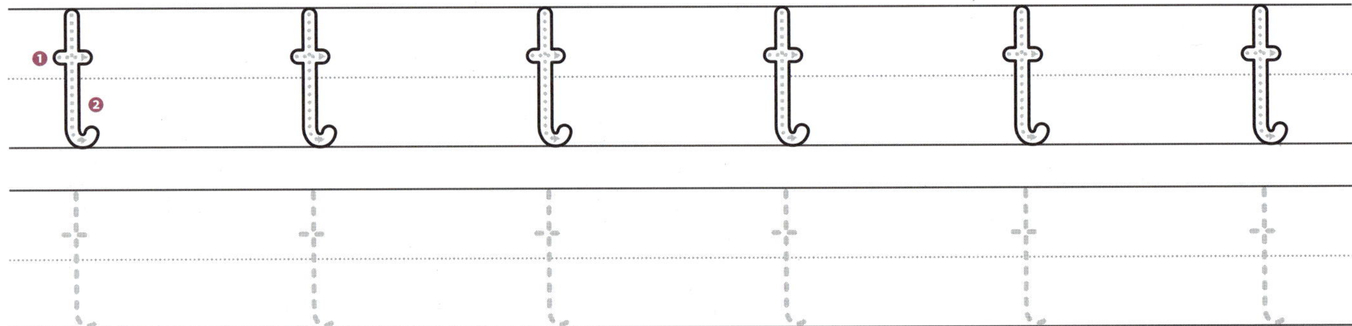

C 큰소리로 말하며 글자를 써보세요.

A 빈칸에 들어갈 글자를 쓰고 읽어보세요.

테니스

___ennis

나무

___ree

텐트

___ent

B 대문자와 소문자에 지정된 색을 칠하세요

T =   t =

U 대문자 '유-'라고 읽어요.

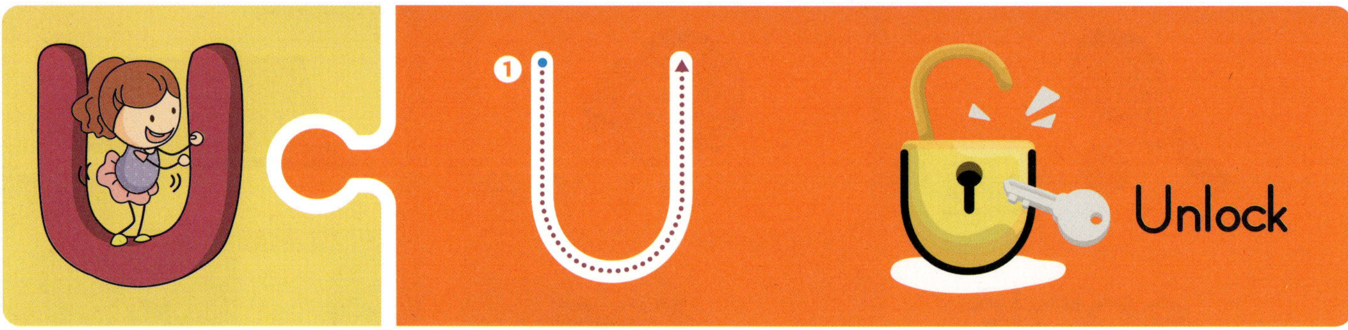

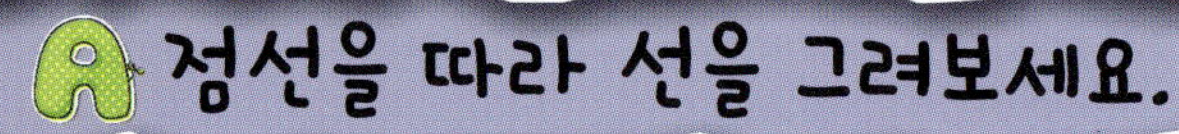

A 점선을 따라 선을 그려보세요.

B 점선을 따라 글자를 완성해보세요.

①
U U U U U U
U U U U U U

C 큰소리로 말하며 글자를 써보세요.

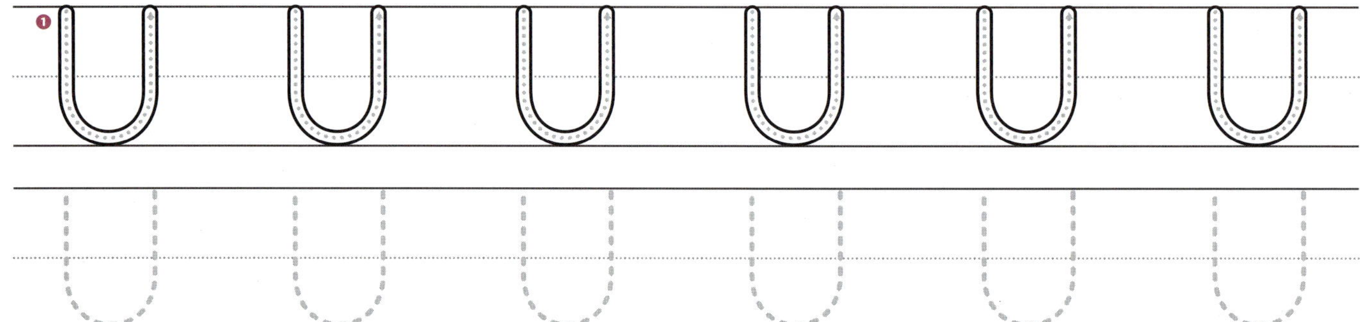

대문자 U를 찾아 그 갯수를 써보세요.

대문자 U ◯ 개

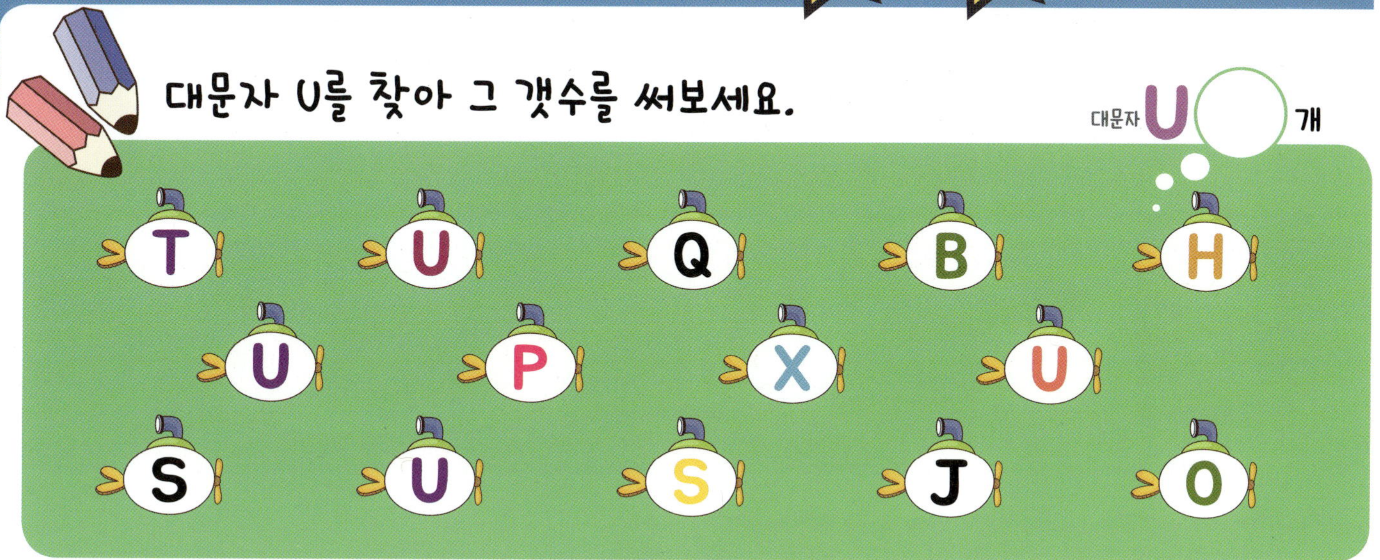

A 빈칸에 들어갈 글자를 쓰고 읽어보세요.

우산
☐mbrella

(열쇠로) 열다
☐nlock

유니콘
☐nicorn

B 대문자 U가 들어간 단어에 동그라미 하세요.

유에프오
UFO

승합차
Van

고래
Whale

당근
Carrot

u 소문자 '유-'라고 읽어요.

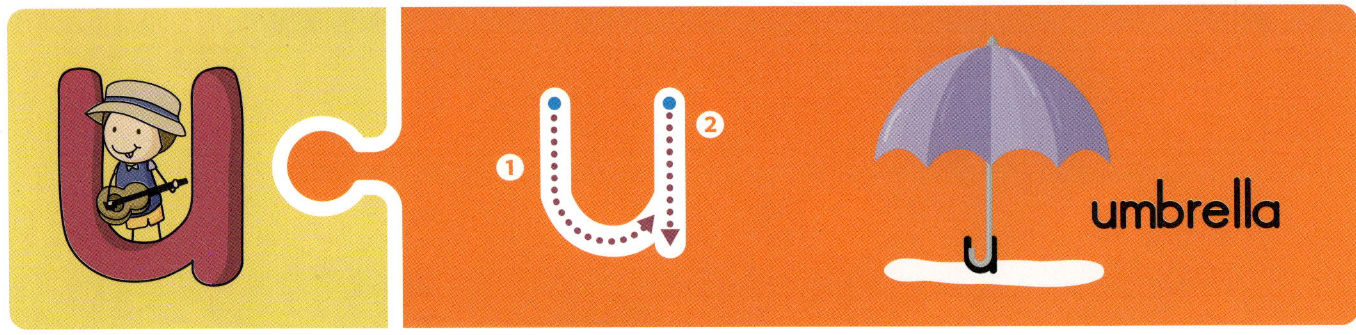

A 점선을 따라 선을 그려보세요.

B 점선을 따라 글자를 완성해보세요.

C 큰소리로 말하며 글자를 써보세요.

A 빈칸에 들어갈 글자를 쓰고 읽어보세요.

속옷

__nderwear

유에프오

FO

우리알

__rial

B 대문자와 소문자에 지정된 색을 칠하세요

U = ▮ u = ▮

u	u	u	u	u	u	u
u	u	U	u	u	U	u	u
u	u	u	U	u	u	U	u
u	u	u	U	u	u	U	u	u
u	u	U	u	u	U	u	u
u	u	U	U	u	u	u
u	u	u	u	u	u	u

V

대문자 '브 -'라고 읽어요.

A 점선을 따라 선을 그려보세요.

B 점선을 따라 글자를 완성해보세요.

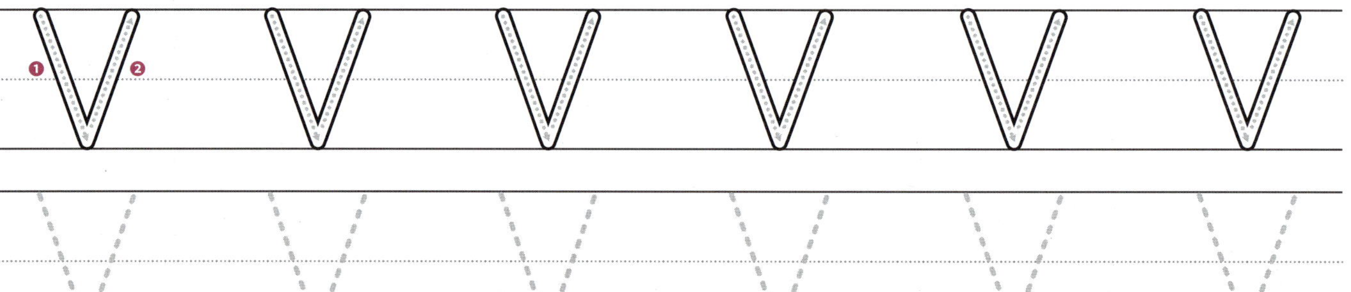

C 큰소리로 말하며 글자를 써보세요.

대문자 V를 찾아 그 갯수를 써보세요.

대문자 V ◯ 개

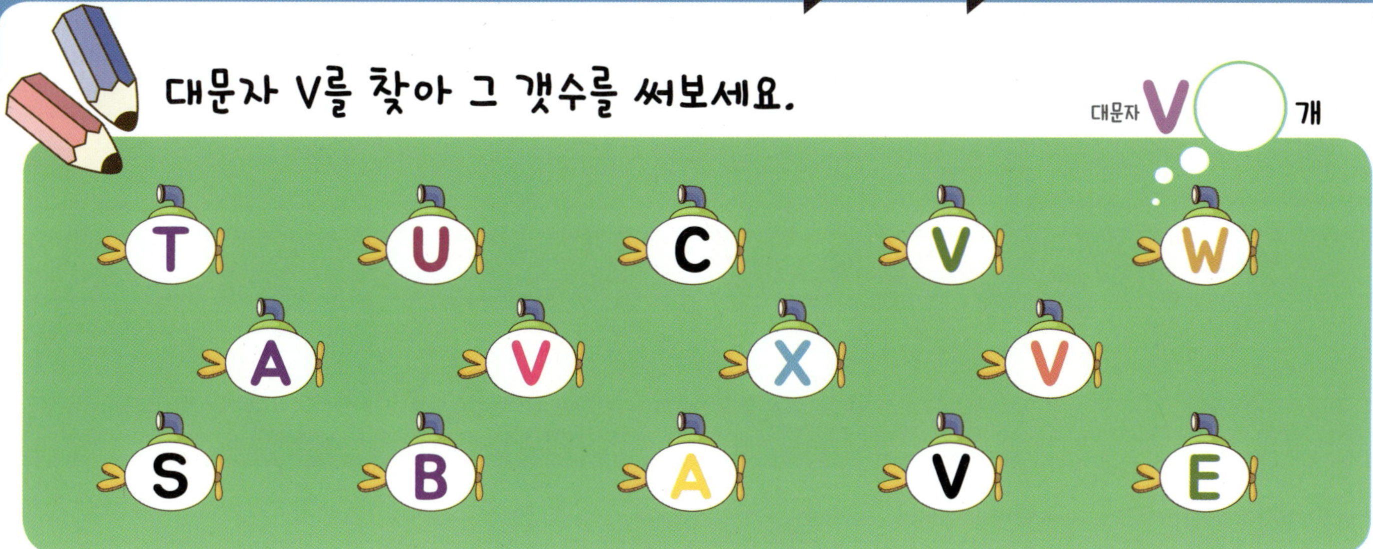

Ⓐ 빈칸에 들어갈 글자를 쓰고 읽어보세요.

Ⓑ 대문자 V가 들어간 단어에 동그라미 하세요.

V 소문자 '브-'라고 읽어요.

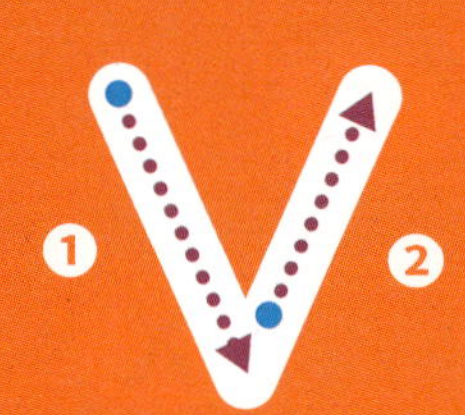

 **A** 점선을 따라 선을 그려보세요.

B 점선을 따라 글자를 완성해보세요.

C 큰소리로 말하며 글자를 써보세요.

Ⓐ 빈칸에 들어갈 글자를 쓰고 읽어보세요.

꽃병

___ase

화산

___olcano

마을

___illage

Ⓑ 대문자와 소문자에 지정된 색을 칠하세요

V = ▬   v = ▬

W 대문자 '더블유-'라고 읽어요.

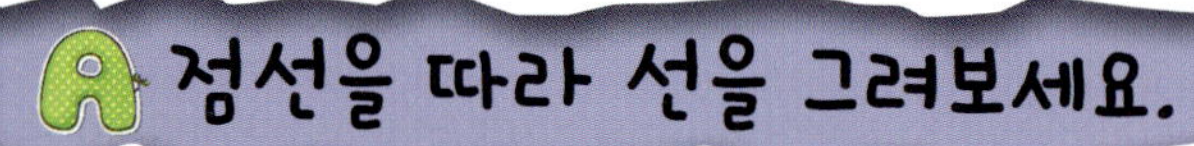

A 점선을 따라 선을 그려보세요.

B 점선을 따라 글자를 완성해보세요.

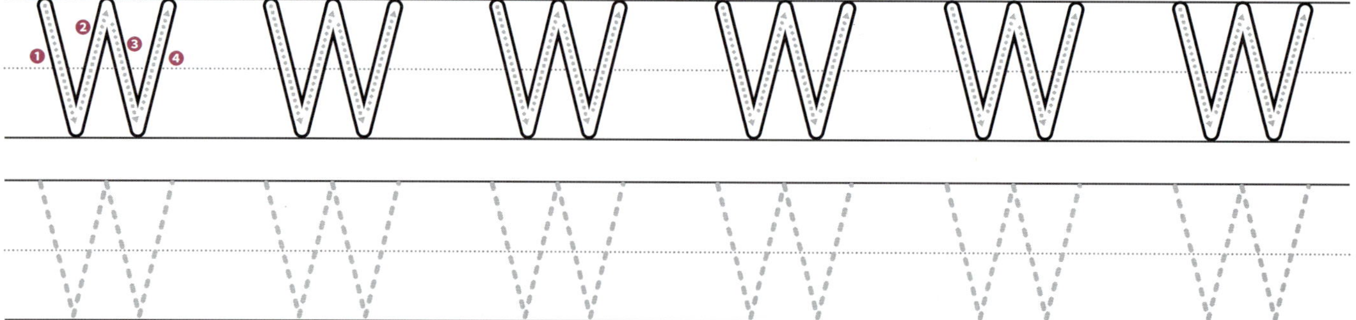

W W W W W W

C 큰소리로 말하며 글자를 써보세요.

대문자 W를 찾아 그 갯수를 써보세요.

대문자 W 〇 개

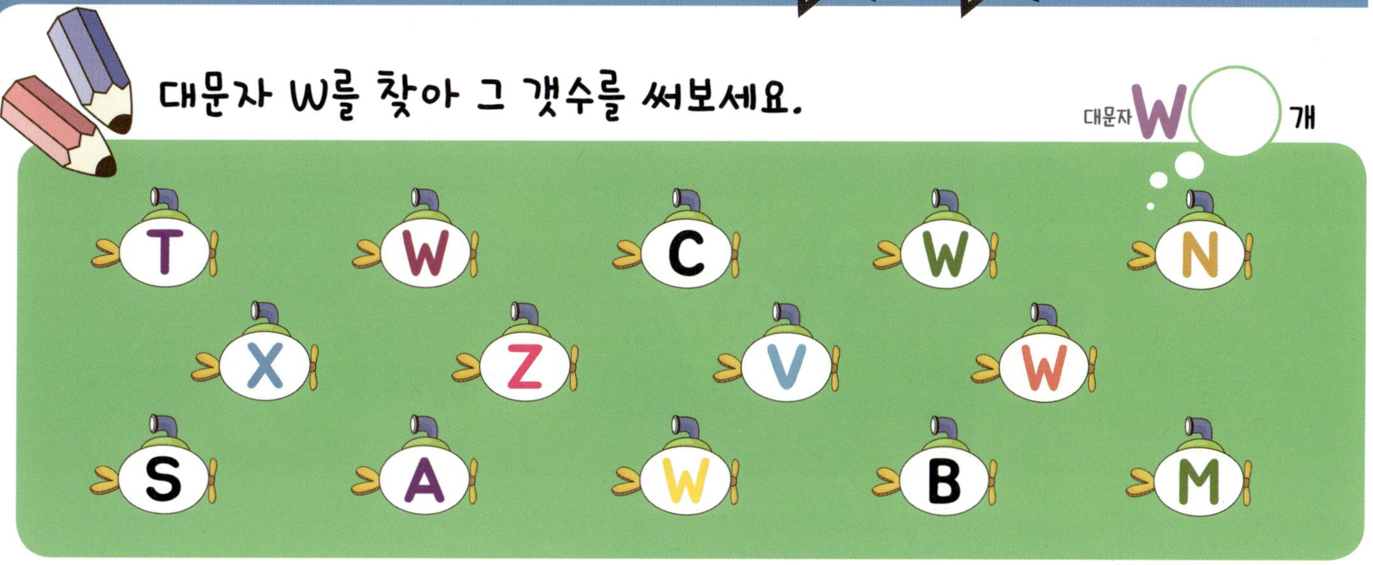

A 빈칸에 들어갈 글자를 쓰고 읽어보세요.

B 대문자 W가 들어간 단어에 동그라미 하세요.

W 소문자 '더블유-'라고 읽어요.

A 점선을 따라 선을 그려보세요.

B 점선을 따라 글자를 완성해보세요.

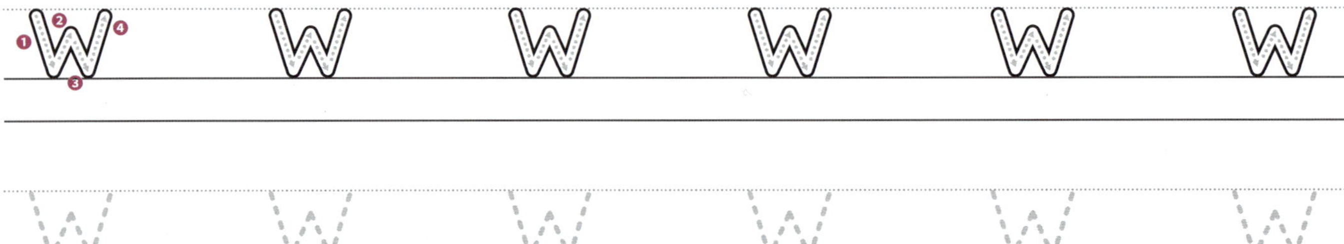

C 큰소리로 말하며 글자를 써보세요.

A 빈칸에 들어갈 글자를 쓰고 읽어보세요.

애벌레

orm

(수탉 모양의) 풍향계

eathercock

늑대

olf

B 대문자와 소문자에 지정된 색을 칠하세요

X 대문자 '엑스'라고 읽어요.

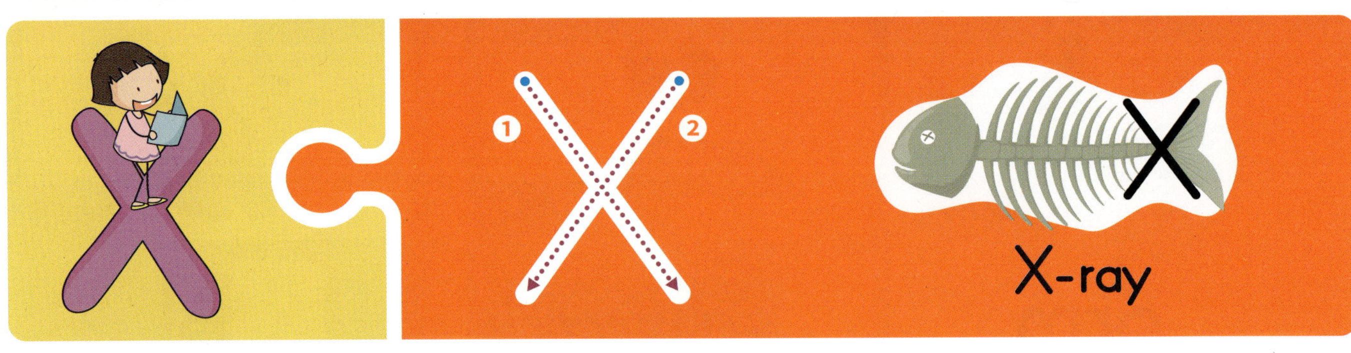

A 점선을 따라 선을 그려보세요.

B 점선을 따라 글자를 완성해보세요.

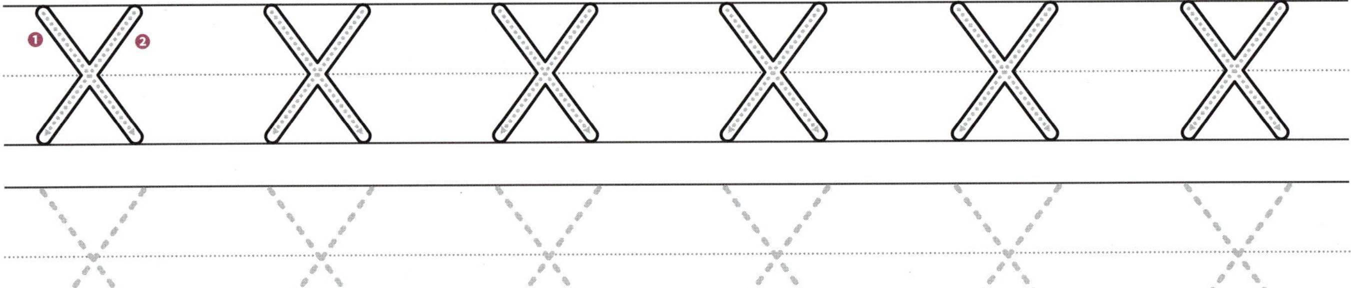

C 큰소리로 말하며 글자를 써보세요.

대문자 X를 찾아 그 갯수를 써보세요.

대문자 **X** ◯ 개

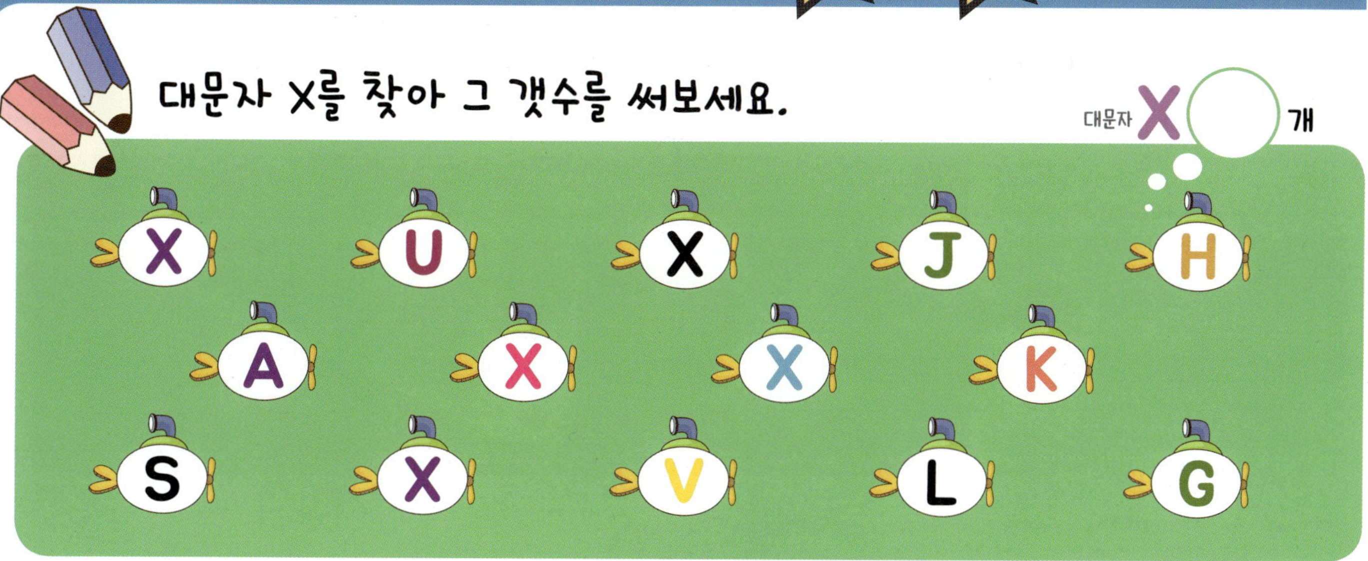

A 빈칸에 들어갈 글자를 쓰고 읽어보세요.

엑스레이

□-ray

크리스마스

□mas

횡단보도

□ing

B 대문자 X가 들어간 단어에 동그라미 하세요.

메추라기

Quail

사자

Lion

익스트림 스포츠

X-game

요가

Yoga

X 소문자 '엑스' 라고 읽어요.

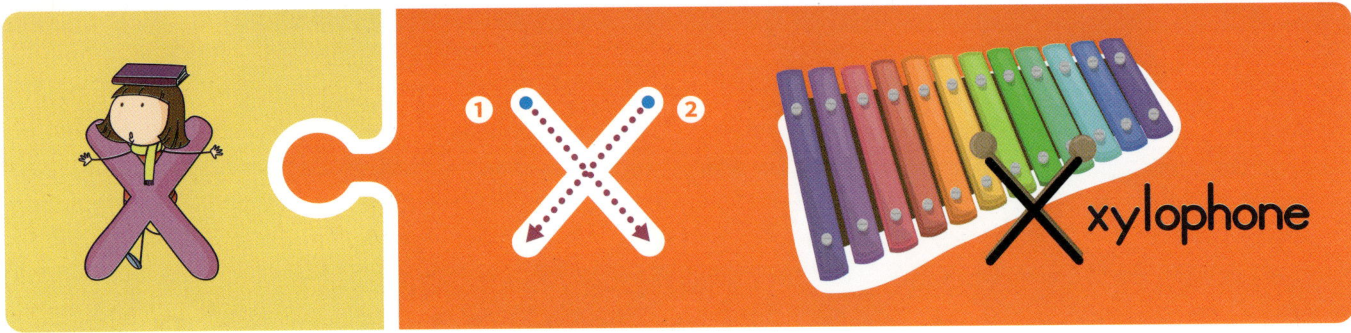

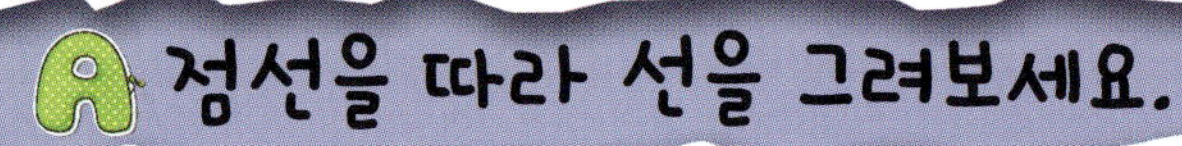

A 점선을 따라 선을 그려보세요.

B 점선을 따라 글자를 완성해보세요.

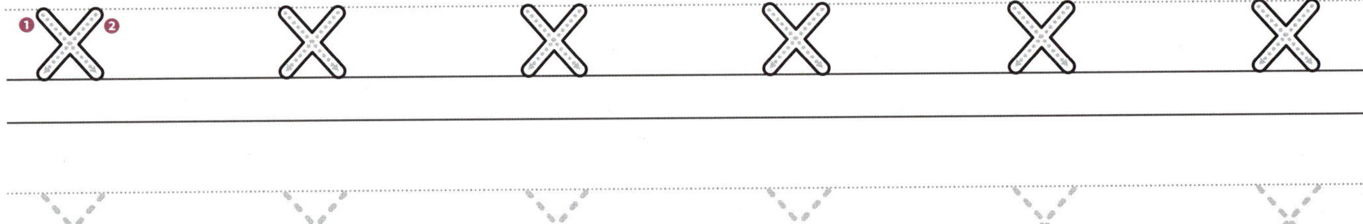

C 큰소리로 말하며 글자를 써보세요.

A 빈칸에 들어갈 글자를 쓰고 읽어보세요.

황새치

iphias

실로폰

ylophone

B 대문자와 소문자에 지정된 색을 칠하세요

X = ▬ x = ▬

Y

대문자 '**와이**'라고 읽어요.

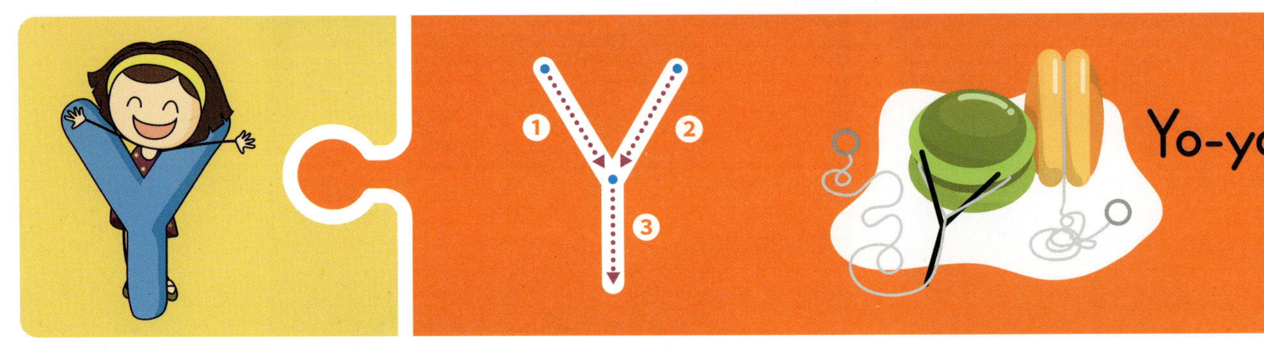

A 점선을 따라 선을 그려보세요.

B 점선을 따라 글자를 완성해보세요.

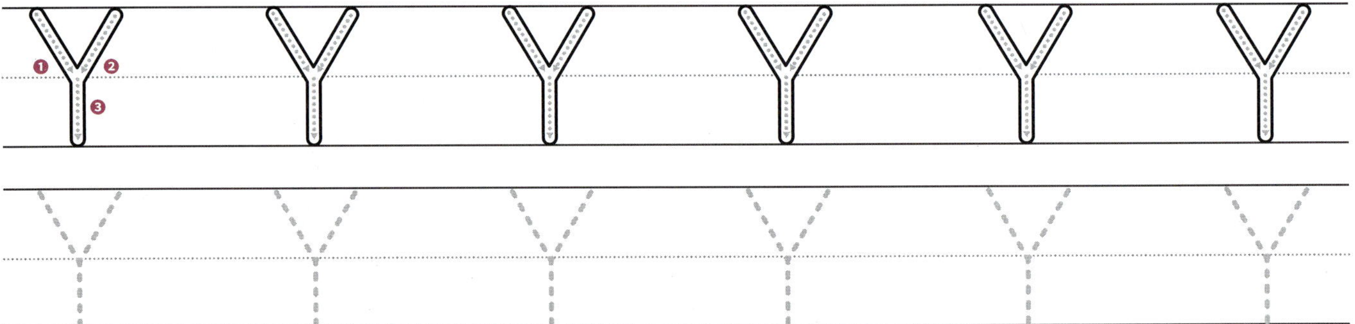

C 큰소리로 말하며 글자를 써보세요.

대문자 Y를 찾아 그 갯수를 써보세요.

대문자 Y ◯ 개

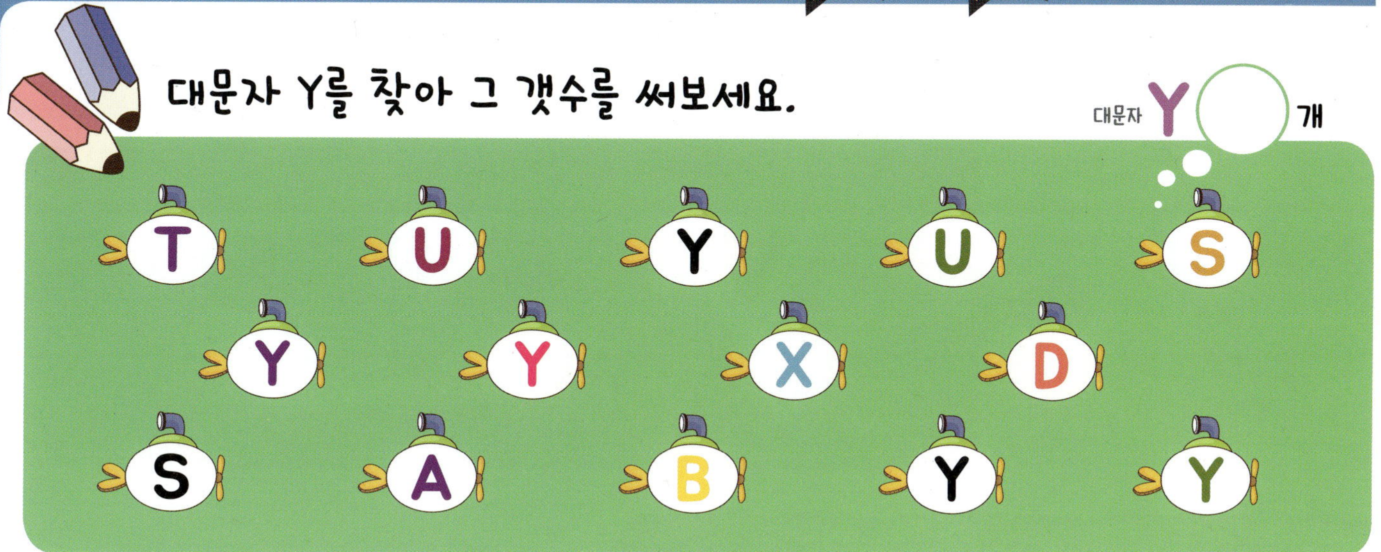

A 빈칸에 들어갈 글자를 쓰고 읽어보세요.

B 대문자 Y가 들어간 단어에 동그라미 하세요.

코뿔소
Rhino

요트
Yacht

주키니
Zucchini

미끄럼틀
Slide

y 소문자 '와이'라고 읽어요.

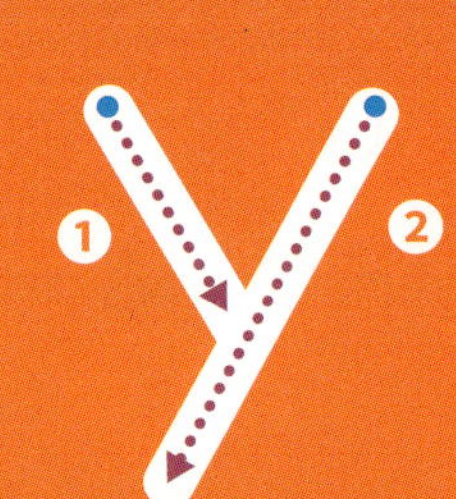

 **A** 점선을 따라 선을 그려보세요.

B 점선을 따라 글자를 완성해보세요.

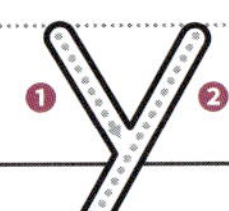 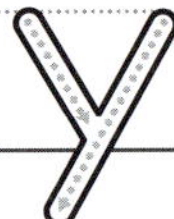 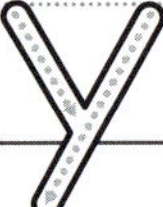 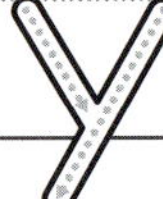 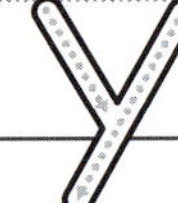 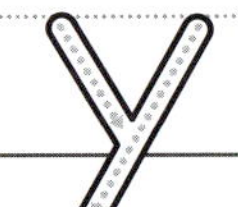

C 큰소리로 말하며 글자를 써보세요.

A 빈칸에 들어갈 글자를 쓰고 읽어보세요.

요트

acht

야크

ak

oga

B 대문자와 소문자에 지정된 색을 칠하세요

Y = ＿＿　y = ＿＿

Z

대문자 '지-'라고 읽어요.

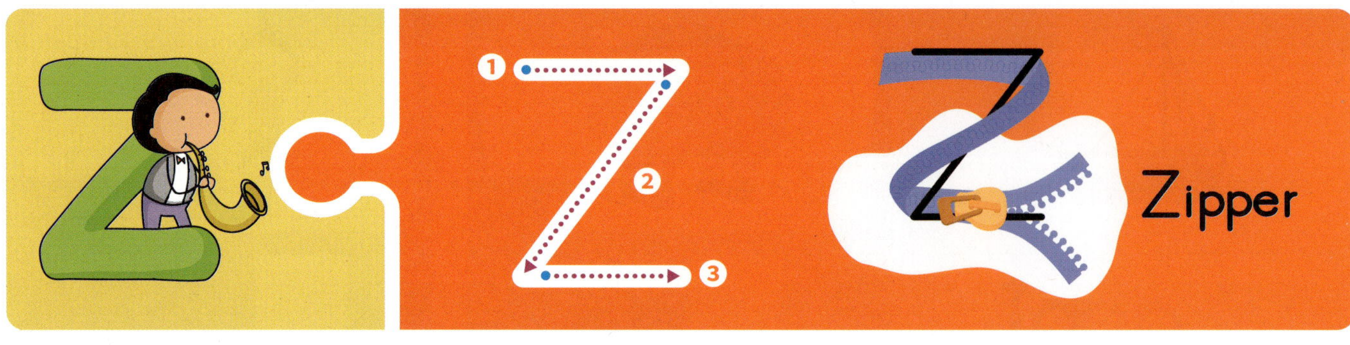

A 점선을 따라 선을 그려보세요.

B 점선을 따라 글자를 완성해보세요.

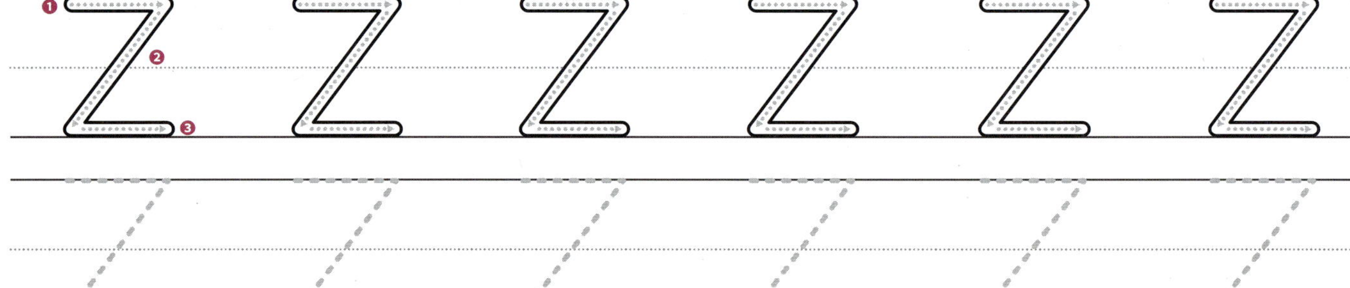

C 큰소리로 말하며 글자를 써보세요.

대문자 Z를 찾아 그 갯수를 써보세요.

대문자 **Z** ◯ 개

A 빈칸에 들어갈 글자를 쓰고 읽어보세요.

지퍼

ipper

얼룩말

ebra

체펠린 비행선

eppelin

B 대문자 Z가 들어간 단어에 동그라미 하세요.

우산

Umbrella

채소

Vegetable

제로

Zero

털실

Yarn

Z 소문자 '지-'라고 읽어요.

A 점선을 따라 선을 그려보세요.

B 점선을 따라 글자를 완성해보세요.

C 큰소리로 말하며 글자를 써보세요.

A 빈칸에 들어갈 글자를 쓰고 읽어보세요.

제로

ero

주키니

ucchini

지그재그

igzag

B 대문자와 소문자에 지정된 색을 칠하세요   Z = ▨   z = ▨

Alphabet
Cards

Alphabet Cards

에이

비-

씨-

디-

이-

에프

Alphabet Cards

엠

엔

오우

피-

큐-

아-ㄹ

Alphabet Cards

에스

티-

유-

비-

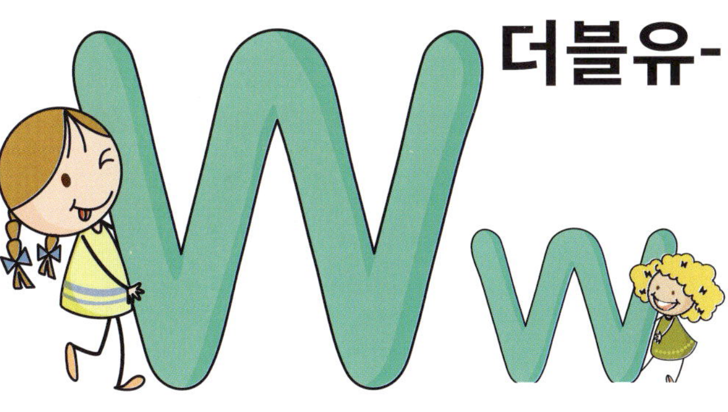
더블유-

엑스

Alphabet Cards

와이

지-

에이

비-

씨-

디-

맨 처음
Clock
알파벳
쓰기

맨 처음
Clock
알파벳
쓰기
개정판